LES
ANTILLES FRANÇAISES

QUESTION MONÉTAIRE

ENTREPÔTS RÉELS

PAQUEBOTS TRANSATLANTIQUES

PAR

M. LE DIRECTEUR DE SAINT-ROMAN

PARIS

LIBRAIRIE DE GUILLAUMIN ET Cie, ÉDITEURS

Rue Richelieu

1860

LES

ANTILLES

FRANÇAISES

LES
ANTILLES FRANÇAISES

QUESTION MONÉTAIRE
ENTREPOTS RÉELS
PAQUEBOTS TRANSATLANTIQUES

PAR

M. R. LE PELLETIER DE SAINT-REMY

> Les colonies sont des places assiégées par des
> circonstances commerciales exceptionnelles : il
> leur faut une monnaie OBSIDIONALE.......

Avec Planche

PARIS

LIBRAIRIE DE GUILLAUMIN ET Cⁱᵉ, ÉDITEURS

DE LA COLLECTION DES PRINCIPAUX ÉCONOMISTES, DE LA BIBLIOTHÈQUE DES SCIENCES MORALES
ET POLITIQUES, DU DICTIONNAIRE UNIVERSEL DU COMMERCE ET DE LA NAVIGATION, ETC.
Rue Richelieu, 14.

1859

PRÉFACE

J'entreprends une tâche difficile : celle de réagir contre des erreurs administratives passées à l'état de faits accomplis. Mais la conviction profonde qui me conduit sur la brèche n'est pas inspirée par des appréciations exclusivement personnelles. Cette étude, dans sa partie principale, n'est pour ainsi dire que le commentaire de manifestations émanées : des Chambres de commerce de nos grands ports, des Chambres de nos Antilles, des Délégués des Conseils généraux de la Martinique et de la Guadeloupe, et enfin des Banques de ces deux colonies.

Le présent travail ne se serait peut-être jamais

produit sans les changements survenus dans les
hautes sphères administratives. Mais il n'y a sans
doute aucune témérité à penser que ces changements lui créent une occurrence exceptionnellement favorable. Le Prince que l'Empereur a placé
au gouvernement des colonies veut se rendre
compte, par lui-même et par les conseillers dont il
s'est entouré, de tous les grands intérêts confiés
à sa sollicitude; cette modeste publication est
donc assurée d'arriver aux intelligences les plus
éclairées du pays.

C'est autant qu'il en faut pour payer l'auteur de
son labeur, et dédommager l'homme de plus
d'une amertume subie dans l'accomplissement de
sa tâche.

Paris, janvier 1859.

INDEX.

Nous sommes en pleine paix, l'argent abonde
sur toutes les places de l'Europe, la prospérité circule dans les veines de la France impériale.... et
cependant nos colonies des Antilles se débattent
dans une crise monétaire qui rappelle aux sur-
vivants de la dernière génération le temps où les
frégates anglaises serraient leur île comme une
place assiégée.

Les traites sur l'Europe se paient jusqu'à 12 et
14 0/0 de prime ;

Le numéraire national ne se trouve pas même à
ce prix ;

Le numéraire étranger a disparu ;

Une monnaie de papier dont la contre-valeur
est déposée dans les caisses publiques constitue le
seul numéraire de la circulation, et les populations

qui n'ont point d'autre instrument pour les transactions journalières de la vie, se voient réduites à
implorer comme une grâce l'extension de ce déplorable expédient ;

La banque de circulation qui fonctionne dans
chacune des deux îles ne peut, sous peine de mort
instantanée, rembourser son papier fiduciaire autrement qu'avec ce papier d'État proclamé monnaie légale ;

L'importateur des marchandises d'Europe, qui
ne peut régler ses comptes avec la métropole qu'en
subissant un change de 12 à 14 0/0, les fait payer
en conséquence au consommateur ; en sorte que
tout se maintient hors de prix au milieu d'une
abondance d'importations si réelle, que les esprits
superficiels peuvent avec une apparence de raison
y voir la cause du mal.....

Telle est la Situation : — Que les colons, que les
négociants de nos ports, que tous ceux qui sont
en relation d'affaires avec nos Antilles, se lèvent
et jettent la pierre à cet écrit si elle est chargée de
trop sombres couleurs.

Il y a synchronisme entre le développement du
mal et la promulgation du décret dont la teneur
suit :

Art. 1er. — Dans un délai de six mois, à partir de la publication du présent décret à la Martinique et à la Guadeloupe, les monnaies étrangères mentionnées dans l'ordonnance royale du 30 août 1826 cesseront d'avoir cours légal dans les deux colonies et ne seront reçues, dans les paiements entre particuliers, que comme valeurs conventionnelles.

Lesdites monnaies cesseront, à partir de la même époque, d'être données et reçues en paiement par les caisses publiques.

Art. 2. — Les gouverneurs de la Martinique et de la Guadeloupe sont autorisés à mettre en circulation, dans les deux colonies, des *bons de caisse* qui seront représentés par des monnaies nationales mises en réserve dans la caisse coloniale pour une somme égale aux émissions de papier.

Le remboursement de ces bons de caisse, quelle que soit l'époque de leur émission successive, aura lieu à l'expiration d'un délai de trois ans, à partir de la promulgation du présent décret dans les deux colonies. Ils ne pourront dans l'intervalle être présentés au remboursement.

Les bons de caisse auront cours forcé dans les paiements faits entre particuliers et dans ceux des caisses publiques.

Art. 3. — Les bons de caisse seront établis sur un papier fabriqué spécialement pour cet usage ; les coupures en seront fractionnées suivant les besoins de la circulation, et conformément aux divisions de la monnaie nationale, depuis 50 c. jusqu'à 10 fr.

Art. 4. — Les banques coloniales sont autorisées à comprendre les bons de caisse dans la composition de l'encaisse métallique dont le minimum obligatoire est établi par l'article 5 de la loi du 11 juillet 1855.

Art. 5. — Notre Ministre secrétaire d'État, etc.

Fait au Palais des Tuileries, le 23 avril 1855.

L'élaboration de cet acte avait été faite en vue de l'Ile de la Réunion aussi bien qu'en vue des Antilles. Mais l'application n'a eu lieu qu'à la Martinique et à la Guadeloupe. Elle n'a jamais été faite et ne sera certainement jamais faite à notre colonie de l'océan Indien...

En présence du Prince chargé du gouvernement des colonies, j'ai hautement imputé la détresse de nos Antilles au décret du 23 avril. Le Prince a prouvé qu'il était placé au-dessus de tout parti pris en pareilles matières : il a ordonné que la question monétaire fût immédiatement remise à l'étude.

J'avais fait partie de la commission d'élaboration du décret du 23 avril, et en le voyant prendre force de loi malgré mon énergique opposition, je lui avais prédit presque tout le mal qu'il a fait.

Fort de ce passé et d'une expérience laborieuse-
ment acquise, je viens porter mon témoignage à
l'enquête que le Prince-Ministre a ordonné d'ouvrir.

Si le lecteur a la bienveillance de me suivre jusqu'au bout, j'espère le convaincre qu'il n'y a pas
discordance trop absolue entre les trois éléments
qu'embrasse le titre du présent écrit.

I

UNE PAGE DE L'HISTOIRE ADMINISTRATIVE DES ANTILLES.

I

Afin de simplifier notre tâche et de marcher plus droit au corps à l'acte qui motive les présentes observations, nous allons nous efforcer de déblayer le terrain des erreurs de fait et d'appréciation qui y ont été semées comme à pleines mains.

Les promoteurs de la réforme monétaire des Antilles ou ceux qui l'acceptent comme fait accompli, ne pouvant contester la réalité de la regrettable situation que nous venons d'indiquer, l'attribuent à des causes étrangères à la mesure elle-même. Ils le démontrent par les propositions suivantes, que nous examinerons successivement :

1° Ce n'est pas le décret qui a fait le mal, car la fuite du numéraire était un fait accompli avant sa promulgation. Signé le 23 avril 1855, publié à la Martinique et à la Guadeloupe le 31 mai de la même année, il n'y a été mis en vigueur que le 1er décembre. Or, dès l'année précédente il y avait pénurie de circulation monétaire [1];

---

[1] *Moniteur de la Martinique* du 28 février 1856. — *Ibid.* du

2° Ce sont les Banques coloniales qui, par l'émission successive de leur papier de circulation ont successivement refoulé le numéraire à l'extérieur ; car c'est un axiome économique que le papier fait fuir les espèces : *le représentant exclut le représenté* [1];

3° C'est l'inégalité de la balance du commerce entre les deux colonies (celle de la Martinique surtout !) et leur métropole qui a fait naître la crise ; ce sont les Banques (celle de la Martinique surtout !) qui ont créé cette inégalité en facilitant outre mesure les importations par de trop larges crédits et un taux d'escompte trop réduit [2].

Est-ce bien tout ? — Oui, à peu près, si notre mémoire est bonne.

Alors, discutons.

22 mai de la même année. — Dépêche ministérielle du 31 juillet 1855, n° 407, mentionnée dans le PREMIER *Mémoire justificatif* de la Banque de la Martinique, du 24 décembre de la même année.

[1] *Moniteur de la Mart.* du 28 Mai précité. — *Propagateur* de la même colonie, du 25 septembre 1858. — *Avenir* de la Guadeloupe, du 6 oct. 1858, etc., etc.

[2] Deuxième *Rapport de la Commission de surveill. des Banques col.*, à *l'Empereur;* presque tous les journaux des deux colonies ; presque toutes les correspondances administratives, depuis la dépêche ministérielle du 31 juillet précitée jusqu'à celle du gouverneur de la Martinique du 24 septembre 1858, mentionnée dans le SECOND *Mémoire justificatif* de la Banque de la Martinique, du 6 octobre suivant.

Première proposition.

Ce n'est pas le décret qui a fait le mal, car la fuite du numéraire était
un fait accompli avant sa promulgation.

Cette proposition est jusqu'à un certain point exacte...
le tout est de s'entendre sur le mot *avant*. — Le moment
est arrivé de dire la vérité, et nous la dirons.

Personne plus que nous ne rend justice au Gouverneur éminent qui a été le véritable restaurateur du travail agricole à la Martinique et le véritable propagateur
de l'immigration asiatique aux Antilles. Mais aucune
considération de déférence ou de sympathie personnelle
ne saurait nous empêcher d'énoncer que, suivant dans
la question monétaire des errements qui devaient si
bien lui réussir dans ces deux grosses affaires, M. le
comte de Gueydon entreprit de forcer moralement la
main à l'administration centrale des colonies, en com-
mençant par faire passer les choses à l'état de faits
accomplis autour de lui. Muni d'études toutes faites,
rapportées de ses stations du Golfe du Mexique (et
dont il avait bien voulu nous faire l'honneur de nous
entretenir au moment de son départ de Paris), il
ne fut pas plus tôt en possession de son gouvernement
qu'il commença une croisade contre ce qu'il appelait la
surhausse factice du doublon. Cette monnaie étant l'arche

sainte pour les colons, les premières manifestations du nouveau Gouverneur trouvèrent de la résistance. Les meilleurs esprits ont les défauts de leurs qualités : le *vouloir* énergique du réformateur s'exalta en quelque sorte devant cette opposition , et alors une véritable croisade, nous allions presque dire une *terreur,* commença contre le régime monétaire en vigueur.

Pour préciser l'historique de cette première phase de la question où les dates sont importantes, nous croyons ne pouvoir mieux faire que de transcrire, malgré son étendue, la lettre que le directeur de la Banque de la Martinique adressait au Ministre de la marine, le 25 avril 1854. Cette lettre engage la lutte qui devait répandre tant d'amertume sur les dernières années du courageux et trop sagace M. de la Massue [1].

Saint-Pierre, 25 avril 1854.

MONSIEUR LE MINISTRE,

J'ai l'honneur de vous adresser la copie ci-jointe d'une lettre par laquelle M. le gouverneur de la Martinique m'a fait connaître la décision de Votre Excellence qui prescrit de tenir en dehors de la circulation légale tout quadruple autre que le quadruple *espagnol.*

Permettez-moi de vous exposer très-humblement, Monsieur

---

[1] L'auteur nous en avait envoyé copie dans l'intérêt de la question. Ce document est donc devenu nôtre , et nous nous en servons.

le Ministre, que votre religion a peut-être été surprise. Les quadruples *indépendants* sont les seuls, absolument les seuls, qui circulent aux Antilles françaises. On peut dire qu'il n'existe pas à la Martinique un seul quadruple *espagnol*. Dans un examen minutieux de tous les quadruples se trouvant au trésor et s'élevant à douze mille, soit en francs un million environ, on a trouvé *trois* quadruples d'Espagne. A la Banque, dont l'encaisse est plus mobile, on n'en trouve pas un seul. Votre décision, en expulsant les quadruples indépendants de la circulation légale, tend donc à réduire cette circulation à rien ou presque rien ; *elle tranche ainsi une des questions que vous aviez mises à l'étude par deux dépêches du 14 janvier dernier,* adressées l'une à M. le gouverneur de la Martinique, et l'autre à M. le gouverneur de la Guadeloupe.

Au nom de l'intérêt de la Banque, qui va se trouver dans l'impossibilité de faire son encaisse métallique et de rembourser ses billets ; au nom de l'intérêt général du pays, qui va se trouver arrêté dans ses transactions, puisqu'il n'y a pas dans la circulation d'autres monnaies que des quadruples indépendants et leurs subdivisions, je vous conjure, Monsieur le Ministre, de rapporter la décision qui a frappé ces quadruples d'exclusion, sans doute dans la supposition qu'il se trouvait des quadruples d'Espagne à la Martinique.

Cette distinction qui vous a été faite, Monsieur le Ministre, entre les quadruples indépendants et les quadruples d'Espagne, et qui est basée sur les termes de l'ordonnance de 1826, est peut-être un peu subtile. Lorsque parut l'ordonnance de 1826, qui donna lieu à une manifestation du commerce, les espèces en circulation étaient les mêmes qu'aujourd'hui ; seulement, le doublon, ou quadruple à l'effigie royale, était moins rare. La décision royale de 1827, en reportant la valeur légale du doublon à 86 fr. 40 c., fit droit entièrement aux réclamations du commerce. Si elle ne

changea pas l'expression *quadruples espagnols*, qui se trouve
dans l'ordonnance de 1826, c'est que c'était la dénomination
admise à cette époque pour les doublons, quelle que fût leur
provenance. *L'indépendance* des anciennes colonies espagnoles
n'était pas encore reconnue. Pour le gouvernement, comme pour
les habitants de la Martinique, tous les doublons étaient des
doublons espagnols. D'après cette observation, il n'y avait pas
lieu alors, et il n'y a pas lieu aujourd'hui, de faire la distinction
que je combats.

A cette occasion, il convient, sans doute, Monsieur le Ministre,
de vous présenter quelques observations touchant l'accusation
que M. le Gouverneur a intentée contre moi. Mes observations
auront pour but non-seulement ma défense, mais encore et plus
encore la défense de votre œuvre. Les Banques coloniales ont
été fondées par Votre Excellence, et vous avez daigné me choi-
sir pour diriger et faire prospérer l'une d'elles. Je puis croire
alors qu'il est de mon devoir de vous faire connaître comment
vous sont proposées des mesures qui, si elles étaient sanction-
nées, amèneraient infailliblement la ruine des Banques de la
Martinique et de la Guadeloupe.

Au reçu de la dépêche du 14 janvier, M. le gouverneur de la
Martinique, après en avoir donné connaissance à la Banque, se
hâte d'assembler le Conseil privé; lui expose une théorie dont il
est l'auteur, et la faisant prévaloir sur des observations que seul
je soulevais, il la soumet à Votre Excellence comme devant satisfaire aux besoins de la circulation monétaire du pays.

Cette manière de faire peut paraître contraire aux prescriptions de la dépêche du 14 janvier, dont je rappelle le passage
suivant :

« Je vous invite à provoquer de votre côté, de la part de l'ad-
» ministration de la Banque, un examen complet de la question

» sous toutes ses faces, et à soumettre le résultat de cet examen
» à la délibération la plus attentive du Conseil privé, en y appe-
» lant le Trésorier et le directeur de la Banque. Vous me trans-
» mettrez ensuite le résultat de ce double travail, en y joignant
» vos conclusions personnelles.

» Rien ne sera décidé jusqu'à ce que j'aie reçu des deux co-
» lonies les éléments indispensables d'une solution. »

La Banque n'avait eu le temps que de prendre connaissance
de cette dépêche et de ses annexes, qui lui avaient été communi-
quées quelques jours avant la réunion du Conseil; elle n'avait
eu le temps que d'émettre subitement un avis, mais sans examen
complet de la question sous toutes ses faces, et par conséquent
sans avoir pu formuler le résultat de cet examen.

Le Conseil privé, réuni le 15 février, n'a donc pas été convo-
qué pour examiner le travail de la Banque. Il n'a pas, non
plus, été saisi d'un rapport combiné des deux Chefs d'administration compétents. Je le répète, le Conseil n'a eu à se prononcer
que sur la théorie de son président, gouverneur de la colonie.
Et pourtant M. le Gouverneur, arrivé nouvellement dans le pays,
ne pouvait avoir qu'une opinion préconçue en dehors des faits
de l'expérience et en dehors des faits pratiques de chaque jour.
D'ailleurs, aux termes de la dépêche de Votre Excellence, il devait seulement vous donner ses conclusions sur les opinions
formulées par les hommes compétents.

Aussi, qu'est-il arrivé? Le commerce spontanément a protesté
et a envoyé à Votre Excellence une supplique tendant à la con-
servation du taux légal du doublon à 86 fr. 40 c. En vain pour
balancer cette opinion, M. le Gouverneur assemble le Comité
central d'agriculture : ce comité vote comme le commerce...

M. le Gouverneur, pour rassurer les esprits, publie un article
dans le *Journal officiel* (numéro du dimanche 26 février 1854);

mais cet article, par la manière dont il pose trois à quatre questions, ne laisse aucun doute sur les intentions de l'autorité locale, et augmente les appréhensions du public.

Puis, tout en excitant la presse à publier ce qui est contraire aux doublons, M. le Gouverneur défend expressément la publication d'opinions propres à éclairer la question. Il envoie commissaire et agents de police chez un imprimeur qui imprime un écrit de la Banque destiné à aboutir de tous côtés à l'autorité. Il fait investir pendant 36 heures l'hôtel de la Banque par des gendarmes et des agents de police, au grand scandale de la ville de Saint-Pierre et à l'indignation de tout le commerce ; et il fait faire une visite domiciliaire dans la Banque, comme si le Directeur était l'ennemi de l'autorité, comme s'il ne suffisait pas de lui demander tous les imprimés qu'il pouvait avoir pour qu'il les remît aussitôt....

Ainsi procède M. le Gouverneur pour étouffer toute manifestation de l'intérêt général de la colonie sur une question de monnaie, sur une question essentiellement matérielle, et pour laquelle on devait non-seulement tenir compte de l'opinion des intéressés, mais encore la provoquer.

M. le Gouverneur, dans une seconde note insérée au *Journal officiel* (numéro du jeudi 13 avril 1854), assimile les quadruples indépendants aux aigles américaines. On peut croire qu'il commet une grosse erreur. Les aigles étaient en très-petite quantité dans la colonie, lorsqu'elles ont été expulsées des caisses du trésor colonial. Les *indépendants,* au contraire, composent, pour ainsi dire, la totalité de la circulation monétaire à la Martinique. Il y a là une différence trop grande pour ne pas être aperçue. Une répulsion a pu frapper les aigles sans qu'il y ait eu secousse; la répulsion des indépendants causerait un ébranlement qui aboutirait à une crise générale et à la chute de la Banque. Car *celle-ci ne pouvant former son encaisse que d'indépendants, et*

*le public étant fondé à les refuser, il y aurait impossibilité de
rembourser les billets......*

En définitive, quoique animé des plus vifs désirs de faire
beaucoup et bien, M. le Gouverneur tend à désorganiser un des
éléments les plus essentiels de la prospérité du pays, je veux
dire la circulation monétaire, et comme cette matière intéresse
la Banque au plus haut degré, j'élève la voix contre les propositions de M. le Gouverneur. Il demande la rareté du numéraire,
j'en demande l'abondance ; il demande qu'on essaie si la monnaie française non surhaussée suffira à la circulation, je m'écrie
qu'un pays, quel qu'il soit, n'est pas matière à expérimentation ,
et surtout la malheureuse Martinique, qu'il importe de secourir
promptement au lieu d'aggraver sa position par des essais sur
lesquels du reste l'expérience du passé a prononcé.

J'ai l'honneur de vous soumettre, Monsieur le Ministre, les
propositions contenues dans un écrit dont j'ai adressé trois exem-
plaires à M. le Gouverneur, afin qu'un exemplaire au moins
vous soit transmis.

Je suis, etc.,

Signé : DE LA MASSUE.

Annotons et complétons :

L'écrit dont l'impression a fait mettre sous les armes
la garnison de Saint-Pierre, est une *Note explicative
d'un avis émis par le Conseil d'administration de la
Banque de la Martinique sur la question des petites
coupures du papier de circulation,* dont l'étude avait
été prescrite par le Ministre. Si, au lieu de l'enlever à
la baïonnette, on en eût fait l'objet d'une froide étude
de cabinet, bien du mal eût été peut-être évité ; car

nous déclarons n'avoir jamais rien trouvé de mieux raisonné et de plus pratique sur l'état de la circulation coloniale. En relisant ce mémoire, après quatre années accomplies, on demeure frappé de ceci : que non-seulement les faits ont justifié presque toutes les prévisions de l'auteur, mais que, de plus, les éléments de solution qu'il propose sont tout à fait remarquables, venant d'un homme ayant alors à peine une année de pratique coloniale.

Voici maintenant le texte de l'avis du 26 février que mentionne la lettre, et que nous copions dans le *Journal officiel* de la Martinique de cette date :

« Le public s'est ému ces jours derniers de certains bruits répandus au sujet de la modification du système monétaire de la colonie.

» L'administration croit devoir rassurer les esprits. Il n'est pas question quant à présent d'opérer aucun changement. Mais le gouvernement et l'autorité locale, pénétrés d'un profond sentiment de bienveillance et de sollicitude pour tout ce qui se rattache aux intérêts sérieux de la colonie, étudient en ce moment les questions suivantes :

» 1° Il y a-t-il avantage à favoriser par une surhausse une monnaie (le doublon) éminemment impropre au paiement des salaires de la campagne et aux transactions les plus usuelles ?

» 2° Il y a-t-il intérêt à favoriser par cette surhausse l'accumulation dans la colonie de monnaies d'or plus ou moins dépréciées, en ce moment surtout où les nombreuses mines de ce métal, exploitées en Californie et en Australie, tendent chaque jour à en diminuer la valeur intrinsèque ?

» 3° La surhausse dont jouit la monnaie d'or étrangère ne constitue-t-elle pas une perte réelle pour le pays, par suite du bénéfice qu'elle procure, soit aux personnes qui introduisent des doublons pour acheter du sucre, soit à celles qui les reçoivent en contre-valeur des marchandises exportées ? — Ne résulte-t-il pas des opérations auxquelles se livrent ces dernières un embarras de remises permanent, provenant de la concurrence qu'elles font aux personnes qui ont à effectuer l'envoi en France de la contre-valeur des marchandises consommées dans le pays ?

» 4° Est-il urgent, pour retenir dans la circulation une quantité suffisante d'espèces métalliques, de surhausser une monnaie quelconque ? Dans le cas de l'affirmative, ne serait-il pas plus juste, plus rationnel, de surhausser la monnaie française, qui se prête à toutes les transactions, que de faire jouir de cette faveur une monnaie étrangère impropre à la circulation, et qui impose aux habitants des campagnes, à ces hommes dont le travail crée la seule prospérité durable du pays, qui leur impose, disons-nous, des charges sans cesse renaissantes par la nécessité où ils se trouvent de payer une forte prime toutes les fois qu'ils ont besoin d'acheter de la monnaie ?

» Ces questions et toutes celles qui s'y rattachent sont à l'étude ; mais le pays peut compter sur la sagesse et la prudence du Gouvernement. Qu'on se tienne donc en garde contre quiconque chercherait à semer l'inquiétude dans les esprits..... »

On va voir, par l'avis du 13 avril également mentionné dans la lettre, à qui pouvait s'adresser le reproche de semer l'inquiétude dans les esprits. Voici cette note qui n'a suivi la précédente que de quinze jours :

« En présence de la rareté de plus en plus sensible du numéraire d'argent, dans la métropole elle-même, où cette monnaie est devenue à son tour l'objet de la prime ou plus-value qui s'attachait précédemment à l'or, il y a urgence, dans l'intérêt bien entendu de cette colonie, à prendre des mesures efficaces pour arrêter la sortie de nos monnaies d'argent et l'entrée des monnaies d'or surhaussées.

» Depuis plusieurs mois, les traites du trésor ont cessé d'être données en échange de monnaies surhaussées. L'aigle américaine a été repoussée des coffres du Trésor. Ces deux mesures ne sauraient suffire. Mais comme tout ce qui touche au système monétaire commande des ménagements indispensables, pour éviter toute crise et même tout embarras, l'administration locale prévient le public qu'elle est décidée à mettre fin à l'état de choses actuel.

» Il n'y a dans la colonie qu'une seule monnaie que l'administration locale ne puisse pas atteindre, du moins pour le moment, c'est le quadruple d'Espagne, déclaré admissible dans les caisses publiques par ordonnance du 30 août 1826, et dont la décision royale du 26 août 1827 a fixé la valeur légale à 86 fr. 40 c.

» Tous les autres quadruples dits *quadruples indépendants* n'ont qu'un cours usuel et peuvent par conséquent être repoussés des caisses du Trésor comme l'ont été les aigles américaines.

» Mais que personne ne s'inquiète : la réforme monétaire sera conduite avec toute la prudence que comporte une pareille matière, et on ne s'en apercevra même pas si l'on cesse de spéculer sur la surhausse dont ont joui jusqu'à ce jour certaines monnaies étrangères. »

C'est trois jours après la publication de cet avis que

le Gouverneur faisait à la Banque la notification qui a
motivé la lettre de M. de la Massue au Ministre. Cette
lettre, malgré son euphémisme, fait, croyons-nous, suffisamment toucher du doigt le véritable *quiproquo* historique qui avait été commis sur les mots : *espagnols*
et *indépendants*. Tout le monde sait, en effet, que,
depuis leur émancipation de fait d'abord et ensuite
de droit, les colonies espagnoles d'Amérique ont continué la computation monétaire de leur ancienne métropole. Seulement, les espèces à leurs types variés
(il y en a autant que de républiques) se distinguent
dans le commerce des monnaies par la désignation
d'*indépendants*.

A qui la responsabilité morale de ce funeste mal-
entendu ? Sans doute, les ordres sont venus *de* Paris,
mais n'avaient-ils point été inspirés de la Martinique *à*
Paris?... C'est là un mystère de la vie administrative qu'il
ne nous appartient pas et que nous n'avons d'ailleurs
pas les moyens de pénétrer. Mais ce qu'il y a de certain,
c'est que le gouverneur de la Guadeloupe, qui avait dû
recevoir des instructions analogues à celles de son collègue, comprenant, sans doute, qu'elles reposaient véritablement sur une erreur matérielle, n'en fit jamais état.
Ce qu'il y a encore de certain, c'est que l'administration centrale, éclairée par nos observations et par un
mémoire de la Chambre de commerce de Saint-Pierre,
reconnut son erreur, et s'empressa d'envoyer des contre-ordres. Oui, le contre-ordre a été donné, et l'expres-

sion de ce revirement administratif, qui a, nous le savons, fort surpris le Gouverneur, a dû arriver dans la
colonie durant la première quinzaine de mai. — Mais
le mal était fait.

Le mal était fait pour trois raisons : la première,
c'est que le Gouverneur, devançant en quelque sorte la
mise à exécution des instructions ministérielles ci-dessus
mentionnées, avait, dès les mois de mars et d'avril,
jeté dans la circulation les doublons du Trésor colonial,
afin de *déprécier cette espèce et en faciliter l'exportation.*
Nous n'avons naturellement pas à reproduire un document qui nous a passé sous les yeux comme membre
d'une commission consultative; mais nous pouvons du
moins en donner les points de repère : c'est la lettre
du 27 mars 1854, n° 230, qui développe cette combinaison du Gouverneur.

La seconde raison, c'est que les tiraillements qui se
produisirent dans les hautes sphères de l'administration
coloniale, à l'occasion du revirement ci-dessus mentionné, déterminèrent la formation de la commission spéciale de l'élaboration de laquelle est sortie le décret
du 23 avril.

La troisième raison, enfin, c'est que le numéraire
étant une sorte de sensitive, qui se contracte au moindre
toucher, toutes ces études plus ou moins secrètes, tous
ces avis de journaux, tous ces ordres et contre-ordres
administratifs, tout ce bruit, en un mot, entretenu autour de la chose du monde qui en a le plus peur, fit

que la sensitive se contracta : le courant monétaire *reçut*
un barrage.

Nous employons cette expression pour nous faire
comprendre des personnes qui, s'occupant de cette matière, raisonnent toujours comme si la circulation monétaire d'un pays consistait uniquement dans les espèces qui s'y trouvent à un moment donné... La *circulation* monétaire (en véritable économie politique
presque tous les mots rendent pittoresquement la pensée),
la circulation monétaire, disons-nous, est un *courant*
qui entre d'un côté et sort par l'autre : sans quoi ce
serait la *stagnation* monétaire qu'il faudrait dire...
Or l'effet des fausses mesures que nous venons de rappeler fut de *barrer* le courant à son entrée, en même temps
qu'il facilitait sa sortie par l'impression qu'il exerça sur
les esprits. Tout envoi de doublons cessa immédiatement d'Europe pour les Antilles.—Au commencement de
novembre, les changeurs V. Saint-Paul et Cᵉ écrivaient
à l'Agence centrale des Banques coloniales pour faire
des offres de quadruples « qu'ils pourraient livrer, à
» des conditions très-avantageuses, puisque le seul em-
» ploi qu'il y eût à en faire pour le moment était la
» fonte. » Etonné de cette initiative peu habituelle dans
ce genre de commerce, nous apprîmes, en allant aux
informations, que, par suite des articles publiés dans les
journaux de Paris sur les faits accomplis aux Antilles
et de la formation de la commission d'élaboration du
décret (juin 1854), les petits approvisionnements que

les changeurs étaient accoutumés à faire en vue de
ces pays se trouvaient invendus entre leurs mains, et
qu'on avait pris le parti de *fondre*, parce que la première condition du commerce des métaux précieux,
c'est de ne jamais laisser se prolonger les opérations.

Veut-on trouver cette situation exprimée jour par
jour, et en quelque sorte pulsation par pulsation ? Qu'on
lise les extraits suivants de différentes correspondances
de la Martinique. Voici ce qu'écrivait, sous la date du
11 août 1854, le directeur intérimaire de la Banque de
cette colonie, que personne n'accusera d'avoir songé à
faire de l'opposition à M. le gouverneur de Gueydon :

« La petite monnaie fait défaut dans toutes les branches de la
circulation, et le numéraire métallique tend à se raréfier constamment dans l'encaisse du pays et dans l'encaisse de la Banque. La sortie des doublons pour paiements à l'Étranger et
même pour remises en France continue, par la force des choses
et les exigences des affaires. *D'un autre côté, depuis la panique qui s'est répandue dans les ports de France touchant la
possibilité d'une réduction plus ou moins subite de la valeur
coloniale du doublon, il n'est point entré dans la colonie un
seul doublon venant de l'extérieur.* Il n'y a donc pas compensa-
tion à l'exportation, et si cela doit ainsi continuer, dans un
temps donné qui n'est pas très-lointain, la colonie n'aura plus
d'espèces métalliques en circulation, et la Banque ne pourra
plus en avoir dans ses caisses..... »

Du reste, dès la fin de cette année, le Gouverneur se
considérait comme maître de la situation, et lorsque le
directeur titulaire de la Banque, de retour dans la co-

lonie, alla lui rendre ses devoirs avant de reprendre son service (27 décembre 1854), il lui « fit remarquer avec une certaine satisfaction qu'il l'avait emporté quant aux doublons, ajoutant d'ailleurs qu'il ne conservait aucune rancune de l'opposition de la Banque. » — C'était la générosité d'un vainqueur....

Voilà comment il s'est fait que la disparition des monnaies étrangères était un fait accompli *avant* le décret du 23 avril. — Et encore faut-il bien se garder de tenir pour absolument vraie la proposition même réduite à ces termes. Le doublon s'était raréfié, considérablement raréfié, voilà tout; mais il n'avait pas disparu. En veut-on la preuve ? — On la trouvera dans les situations mensuelles des deux Banques à la fin de cette année 1854, qui vit le fort de la lutte. L'encaisse des établissements de crédit est, on le sait, une sorte de jauge généralement acceptée pour apprécier l'état de la circulation générale d'un pays. Or, en décembre 1854, l'encaisse de la Banque de la Martinique (alors uniquement composé de doublons) s'élevait à 1,318,606 fr., l'un des plus hauts chiffres qu'il eût atteints depuis la fondation de l'établissement. Celui de la Banque de la Guadeloupe s'élevait à 1,608,567 fr. (les quatre mois précédents avaient constamment dépassé 2 millions). On voit qu'en supposant dans la circulation du pays une quantité seulement égale à celle existant à la Banque, il devait y avoir pour plus de 2,000,000 fr. d'espèces étrangères dans la circulation de la Martinique, et plus de 3,200,000 fr. dans celle de la Guadeloupe.

Il est vrai que vers le milieu de cette même année, l'établissement de la Martinique avait vu descendre son encaisse jusqu'au chiffre infime de 285,355 fr. pour représenter une circulation fiduciaire de plus de 1 million 750,000 fr., ce qui fut une véritable irrégularité. Mais cette situation s'était surtout produite par suite d'une entente entre le directeur de l'établissement et le gouverneur de la Colonie : ce dernier avait pris sur lui d'autoriser la Banque à demeurer au-dessous de son encaisse réglementaire, à la condition qu'elle ne ferait pas venir du dehors des monnaies étrangères pour le relever [1]... Le Ministre n'ayant pas cru devoir sanctionner cet arrangement (ce fut peut-être là le seul échec administratif subi par M. le comte de Gueydon en cette longue affaire), l'Agent central des Banques coloniales fit aussitôt *tomber le barrage*, quant à la Banque de la Martinique : deux envois effectués coup sur coup d'Europe, fortifièrent son encaisse de plus de 556,000 fr. de doublons.

Continuons à serrer les dates. La commission monétaire, formée en juin comme nous l'avons dit, ne com-

---

[1] Le *Moniteur de la Martinique* s'est donc montré très-oublieux des faits, lorsque, dans un de ses nombreux articles sur la matière (celui du 22 mai 1856), il s'est laissé entraîner à argumenter de cette situation pour établir que l'émigration du doublon était antérieure au décret.

mence pas immédiatement ses travaux, ou du moins ne
les termine pas immédiatement. Ce n'est qu'à la fin de
novembre que le projet de décret sortit formulé de son
élaboration. Restait sans doute à faire passer ce projet par
l'épreuve du Conseil d'Etat, et à le soumettre à la signature
de l'Empereur. Mais comme le mandataire des Banques
avait été en position de suivre les choses de très-près,
et ne doutait pas du résultat, il avisa ces établissements
pour qu'ils eussent à se régler en conséquence, de même
que la Direction centrale des colonies avait avisé les admi-
nistrations locales. — Ce qui se passa alors au sein de la
Banque de la Guadeloupe mérite d'être cité ; car cet
établissement était réputé pour le calme et la mesure
qu'il avait toujours montrés dès le début de cette
affaire. Voici d'abord en quels termes s'exprime le Directeur, sur le fait même de la nouvelle, dans sa correspon-
dance du 27 décembre :

« Je n'entreprendrai pas de vous peindre l'impression qu'a
tout d'abord produite sur moi et sur mes collaborateurs la nouvelle relative aux conclusions adoptées par la Commission monétaire et aux prochaines mesures de réalisation. Placés au milieu
même des choses, et voyant apparaître sous nos yeux les conséquences qui vont ressortir de la nouvelle situation que l'on nous
prépare, les sentiments que nous avons éprouvés se résument par
ces mots : C'est un grand malheur ! Un grand malheur qui frappe
la Colonie comme la Banque !... »

Sous le coup de cette émotion (les événements ont
depuis prouvé qu'elle n'était que trop légitime), le Direc-

teur réunit son Conseil d'administration pour rechercher les mesures à prendre. Dans cette délibération (26 décembre), qui présenta une certaine solennité en ce que tout le monde était présent, et que tout le monde fut unanime, même le Contrôleur colonial, fonctionnaire public faisant l'office de censeur pour le Gouvernement, on commença, avant de s'occuper de mesures administratives, par bien poser la situation :

« Au point de vue général, le Conseil croit devoir constater qu'il existe en ce moment un fait constant pour tout le monde, c'est le cours suffisamment régulier qui se laisse voir dans la circulation monétaire de la colonie [1]...... Sans donc rechercher ce qui se passe dans la colonie voisine, on peut dire avec vérité qu'à la Guadeloupe, le système monétaire actuel, dont le doublon combiné avec le billet de banque forme la base principale, n'éprouve le besoin d'aucune réforme, et qu'il est à prévoir que le changement radical qui se prépare à l'égard du doublon amènera un premier et funeste effet : celui de déranger et de désorganiser complétement cette circulation ; et un autre encore plus funeste : celui de la démunir d'une monnaie dont la présence lui était indispensable. »

Ainsi, à la Guadeloupe, le doublon, combiné avec le billet de Banque, suffisait comme *base principale* de la circulation : donc il y en avait.

---

[1] Nous avons dit que M. le Gouverneur Bonfils avait fait tout ce qu'il avait pu pour étouffer la question autour de lui. C'est à cette attitude, très-vivement blâmée alors, nous le savons, qu'est incontestablement dû le calme monétaire relatif de la Guadeloupe.

Continuons. — Ces faits sont instructifs, nous le croyons, pour l'édification de la haute administration, qui n'a pas été suffisamment éclairée en tout ceci.

Le décret est enfin revêtu de la signature de l'Empereur, et il est promulgué dans les deux îles le même jour, 31 mai 1855, pour être mis en vigueur six mois après, le 1ᵉʳ décembre de la même année. Il est facile de s'imaginer ce qui se passa durant ces six mois qui figurent, bien entendu, dans la période d'*avant* l'exécution du décret. Aussitôt l'acte législatif publié, les détenteurs de la monnaie proscrite (et nous croyons avoir démontré qu'il y en avait encore beaucoup) commencent à s'inquiéter, et cherchent à l'écouler. C'est une panique générale. Au moment de la mise à exécution, ce mouvement s'accélère, ce qui est fort naturel, en sorte qu'à la fin de l'année, il y a presque table rase. Les deux Banques, dont l'encaisse *réglementaire* ne se compose que de doublons, se croient perdues : une fois la valeur légale supprimée, n'allait-on pas venir porter les billets au guichet avec la prétention de ne plus recevoir les espèces démonétisées que pour leur valeur intrinsèque? Que faire? Comment résister autrement que par le regrettable expédient du cours forcé?...

Alors se produit la péripétie la plus curieuse et la mieux faite pour donner à réfléchir aux réformateurs de parti pris. Le doublon, cette monnaie qui n'était retenue dans nos îles que par sa surhausse *factice ;* cette espèce formée d'un métal de plus en *plus déprécié*, et

que la démonétisation devait faire tomber à sa valeur intrinsèque ; le doublon se montre d'abord parfaitement
insensible à la mise à exécution du décret qui l'atteint.
Le petit nombre resté dans la circulation, continue à
être offert et reçu au cours de 86 fr. 40. Bientôt se faisant sentir les besoins du commerce avec les États-Unis
pour qui cette valeur de retour est indispensable, les
détenteurs ont idée de demander une prime, tout en
continuant à compter par 86 fr. 40 c. Le gouverneur
de la Martinique veut paralyser cette manière de faire,
qui lui semble de nature à maintenir la computation
néfaste, et exige des courtiers (avril 1856) de donner le
cours du change, suivant les variations de la place. La
première application de cette décision fait ressortir le
doublon à 88 fr. 12 c. sur la place de Saint-Pierre!...
L'immobilité de l'ancien surhaussement, dit *Surhausse
légale*, cesse donc par le fait, et la variation du change,
désormais établie, passe de la Martinique à la Guadeloupe. Mais malgré ce qu'elle peut offrir d'avantageux
à la spéculation, celle-ci, habituée à la tradition séculaire
du cours légal, se tient sur la réserve et ne fait que de
très-rares envois. D'un autre côté, la prime du numéraire national suivant l'enchérissement du doublon, la
première crise éclate. Il y a impuissance de satisfaire le
commerce étranger, qui actionne les consignataires devant les tribunaux, et demande qu'ils soient tenus de
supporter le cours du change du papier fiduciaire (billets de banque et bons de Caisse), qui lui est désormais

offert pour prix de ses importations. Deux procès retentissants éclatent coup sur coup à la Martinique (affaire de *guano* du capitaine Smith et des *bois* du capitaine Abbot). Une colonie française en l'an 1856 se voit tout à coup descendue au rang des États de l'empereur Soulouque ! Comme on n'était pas encore fait à la chose, le Gouverneur s'en émeut, l'officier de vaisseau fait taire l'économiste, et la Banque de la Martinique est *mise en demeure* de rappeler au plus tôt les espèces proscrites pour faire face aux besoins du commerce étranger. — Nous ne dirons pas sous quelle pression ce revirement fut imposé à l'établissement[1].

Tout cela est-il exact ?

Oui, voilà comment a été gouvernée la question monétaire aux Antilles ; et partant, voilà comment il est vrai d'énoncer que l'expulsion des monnaies étrangères était un fait accompli AVANT l'émission du décret de démonétisation.

Ajoutons d'ailleurs, pour terminer en véritable historien, c'est-à-dire avec impartialité, cette première partie de notre exposé, qu'au moment où s'achevait l'élaboration de l'acte du 23 avril, le Gouverneur avait fini par conquérir tous les corps constitués de la colonie à ses

---

[1] Voir *Moniteur de la Martinique* du 22 mai précité : « La Banque ne recule devant *aucun sacrifice* pour être en mesure de fournir la contre-valeur de ses billets en *espèces métalliques* » — Lesquelles ?...

idées. Par son caractère, par la juste influence que lui assuraient les bienfaits de sa vigoureuse administration, par son infatigable persévérance surtout, il avait rendu chacun sectateur plus ou moins fervent de l'idée d'une monnaie de papier. En développant, en grandissant par l'imagination cette combinaison que son collègue de la Guadeloupe, à qui il l'emprunta, n'avait jamais considérée que comme un simple expédient, il arriva à persuader à son entourage, parce qu'il se l'était persuadé à lui-même, qu'une monnaie inexportable, cette pierre philosophale du régime colonial, était enfin trouvée. Cette démonstration faite, la Martinique était *charmée.* — Le charme est aujourd'hui rompu, s'il faut en juger par les douloureuses clameurs qui ont déterminé l'examen actuel de la question.

II

Deuxième proposition.

Ce sont les Banques coloniales qui, par l'émission successive de leur papier de circulation, ont successivement refoulé les espèces à l'extérieur, car c'est un axiome économiqne que le papier chasse le numéraire.

Si nous avons un conseil à donner à nos compatriotes des colonies, c'est de beaucoup étudier l'économie politique, — mais pour apprendre à n'y croire que sous bénéfice d'inventaire ; c'est surtout de se tenir en grande défiance contre tout ce qui ressemble à une formule économique. Rien de plus décevant et de plus dangereux que ces raisonnements aiguisés en antithèse. — Nous regrettons d'avoir à le dire aux écrivains si absolus du *Moniteur de la Martinique* et aux autres organes de la publicité locale, mais « le papier chasse le numé-» raire, — le représentant exclut le représenté, » sont deux inanités pour qui se tient au milieu des faits. — Exemple :

Durant l'année 1857, dans les circonstances que chacun se rappelle, la Banque de France avait en circulation pour plus de 600 millions de billets contre un encaisse de

181 millions seulement, et l'encaisse des banques étant, comme nous l'avons dit, une sorte de mesure de la circulation métallique en général, chacun en était à peu près au même point que la Banque. Or, qu'eût répondu la Banque, si au milieu de cette crise, quelqu'un se fût avisé de lui dire : « Le papier chasse le numéraire, le représentant exclut le représenté ; c'est la trop grande masse de vos billets qui nous vaut cette pénurie monétaire... » Il est probable que la Banque se fût contentée de sourire en grande dame à cette interpellation, ajournant plus ample réponse à quelques mois ; à l'année 1858, par exemple... laquelle eût montré au faiseur d'axiomes que, tout en conservant ses 600 millions de billets en circulation, l'Établissement se trouvait avoir quelque chose comme 600 millions de numéraire en caisse : et cela, par la raison toute simple que l'argent est revenu dans la poche de chacun dans la proportion de 600 millions au lieu d'y être, comme en 1857, dans la proportion de 181.

Trouve-t-on que la Banque de France est une personnalité trop exorbitante pour qu'il soit possible de lui comparer sainement les modestes Banques des Antilles?.. Alors, prenons celle de la Réunion, dont le capital est le même, dont le milieu commercial est, non pas le même, mais, nous le prouverons tout à l'heure, beaucoup *moins* avantageux sous un certain rapport. Or que se passe-t-il dans notre colonie de l'océan Indien? Jusqu'à quel point le *représentant y exclut-il le représenté?..* A la fin de décembre 1857, la Banque de la Réunion avait dans la circulation pour plus 8 millions de papier (8,016,625). Sa moyenne mensuelle pour l'année entière ressort constamment aux environs de cette proportion. Ce chiffre considérable pour un petit pays a-t-il fait le vide monétaire autour de l'Établissement et menacé son encaisse en jetant la perturbation dans la circulation ? — Nullement ; au mois de décembre ci-dessus mentionné, cet encaisse était de 3,037,177 fr., et la moyenne mensuelle de l'année fut toujours *au-dessus* de ce chiffre.....

Nous connaissons les deux objections qui nous seront faites (nous les avons entendues assez souvent pour cela), et nous allons y répondre.

Première objection. — La Réunion est dans une situation bien différente des Antilles, en ce que les exportations dépassant les importations, elle n'a pas de balance commerciale à payer.

Deuxième objection. — La Réunion est précisément entrée en crise monétaire dans le cours de cette dernière année 1858, ce qui peut bien être imputé à la trop grande émission de papier faite en 1857 par sa Banque.

Nous pourrions très-bien nous contenter de remarquer que ces deux objections s'entre-détruisent mutuellement, et passer.... Mais nous ne laisserons certainement pas échapper cette occasion de nous expliquer au sujet de la Réunion. Il nous plaît (et pour une cause que l'on connaîtra tout à l'heure) d'adopter sans examen et sans discussion cette situation commerciale de notre

colonie de l'océan Indien dans ses rapports avec sa métropole.

Oui, c'est chose entendue : la colonie paie sa Métropole en denrées.....

Mais l'Étranger? L'Étranger, avec quoi le paie-t-elle?..
Est-ce que, par hasard, elle aurait acquis depuis peu le droit
de le payer en denrées de son cru ?... Lisez le dernier
discours de M. le gouverneur d'Arricau, dont les journaux ont retenti : vous verrez qu'il constate avec une
sorte d'effroi, à la suite de sa première tournée dans
l'île, que la colonie est tributaire de l'Étranger pour
l'énorme consommation de ses 50,000 immigrants et
de sa population ouvrière indigène... C'est 370,000
balles de riz qu'il lui faut tirer de l'Inde, de Madagascar et autres lieux [1]; article qui représente à lui seul
une dépense de plus de 7,000,000 de francs. En
1855, les importations totales de l'étranger ont atteint
13,283,529 fr...

Ne voit-on pas poindre de ce côté une autre balance
commerciale formidable, puisque balance commerciale
il y a?...

Passons à l'état de « crise monétaire.» — D'abord, c'est
état *de gêne* qu'il faut dire, si l'on ne veut point abuser
sciemment des mots. Cette gêne se fait presque constamment sentir dans la colonie à l'époque où relèvent de
ses rades les navires qui vont chercher soit dans l'Inde,

____

[1] 27,720,332 kilogrammes : chiffre de 1856, en prenant la moyenne
ordinaire de 75 kil. la balle.

soit à Madagascar cet approvisionnement nourricier dont nous venons de parler. L'intensité en est plus ou moins marquée, suivant que se produisent ou ne se produisent pas telles ou telles circonstances, car il faut à tout prix que ces navires emportent en argent ou en papier de quoi payer leurs achats. Lit-on dans un *Money-market* de Calcutta, comme celui du 3 juillet 1856 que nous avons sous les yeux, que « les mandats de la Banque de la » Réunion sont très-recherchés à 2 fr. 60 c. la roupie, » on tâche d'obtenir des mandats au guichet de la Banque, qui en délivre pour 2 millions dans le cours de ladite année. — Le papier est-il d'un placement moins avantageux, les capitaines se jettent sur le numéraire, et on lit dans l'excellent bulletin du *Journal du Commerce* (juillet 1854), à l'article *Monnaies* :

« Les monnaies de toutes sortes sont extrêmement rares par continuité, et il en résulte des embarras sérieux non-seulement pour l'expédition des navires dans l'Inde, mais encore pour la généralité des transactions.

Le gouvernement local s'est vu dans l'obligation de refuser les 200,000 pièces de 5 francs qui lui avaient été demandées par la Chambre de commerce.

Les navires partis pour l'Inde ont épuisé avec de forts agios toutes les monnaies d'argent.

Les pièces de 5 francs manquent complétement, ainsi que les roupies et les piastres d'Espagne et du Mexique; et ce n'est qu'avec de grands agios que l'on peut se procurer la petite monnaie nécessaire au paiement des salaires des engagés.

Les navires se sont rejetés sur les monnaies d'or. On a payé les souverains 3, 3 1/2 et 4 0/0 ; aujourd'hui l'on n'en trouve plus, et les quadruples des Républiques indépendantes ont obtenu une prime de 2 et 2 1/2 0/0 sur le prix de 85 fr., malgré la presque certitude d'une perte considérable dans l'Inde.

Cet état de choses est très-préjudiciable à tous les intérêts et demande un prompt remède.

Au commencement de 1855, il y a amélioration :

La colonie est sortie de la pénurie de monnaies dont elle a tant souffert depuis plusieurs mois [1].

Mais en juin et juillet :

Les départs pour l'Inde épuisent le peu de monnaies qui restaient dans le pays, faute d'autres moyens actuels de munir les navires des valeurs nécessaires. Pour les pièces de 5 fr. surtout, on paie une prime fort élevée. Cette monnaie va finir par manquer entièrement, l'exportation étant incessante en regard d'introductions presque nulles.

Les derniers avis de Calcutta n'annoncent pas d'amélioration dans le taux du change sur cette place pour la négociation des traites sur France ; c'est ce qui empêche de prendre, pour y être négociés, des mandats de la Banque, et oblige à remettre en pièces de 5 francs payées fort cher. — On sait toutefois que les mois d'août, septembre et octobre sont d'ordinaire les plus convenables pour la négociation du papier sur Paris, et si les choses suivent cette année leur marche accoutumée, on ne tardera pas à pouvoir expédier encore à Calcutta des mandats de notre Banque, qui sont, sur cette place, le papier le plus estimé [2].

Mais la grande ressource de la Réunion pour le rè-

[1] *Ibid.*
[2] *Ibid.*

glement de son commerce avec l'Inde fut toujours les traites de la Compagnie, et c'est précisément parce que ces traites lui font aujourd'hui défaut qu'elle éprouve la gêne actuelle. « Les traites de la Compagnie sur Madras » et Calcutta semblent avoir disparu de l'horizon com- » mercial depuis l'insurrection indoue...

» La monnaie française d'exportation s'est vendue jus- » qu'à 10 0/0, et n'a point été remplacée... [1] »

Voilà en quoi consiste la *différence commerciale* entre la Réunion et les Antilles; elle est, on le voit, sauf l'ins- trument monétaire dont nous parlerons en son lieu, tout à fait au *désavantage* de notre colonie de l'océan Indien.

Disons, pour clore ce paragraphe et à la décharge des économistes, qu'ils n'ont point écrit les prétendus axiomes que nous venons de réfuter, quant à l'expulsion du numéraire par le papier. Ils ont seulement énoncé, qu'*en général*, telle coupure de papier de circulation a pour effet de réduire les appoints métalliques au chiffre qui lui est immédiatement inférieur. Ainsi, le billet de 500 fr. peut réduire les appoints à 499 fr. ; celui de 100 fr., réduire les appoints à 99 fr., etc., etc. Mais cette doctrine, qui n'a rien d'absolu, implique l'idée d'un excès de papier, ce qui n'est pas le cas de la circulation colo- niale. Ajoutons que la plus faible coupure des Banques étant celle de 25 fr., elle devrait encore, la théorie fût-elle

[1] Rapport du Censeur électif à l'assemblée générale des action- naires de la Banque. — Exercice 1857-58.

mathématiquement exacte, laisser dans la circulation le napoléon d'or de 20 fr., et ses divisions, de même que la coupure de 100 fr., aurait laissé subsister le doublon de 86. 40 et ses divisions si nombreuses et si commodes. Or, aujourd'hui, il n'y a plus rien, absolument rien que le papier de l'Etat s'échangeant contre le papier des Banques. — C'est précisément par appréhension de voir fuir les appoints de la pièce de 5 fr. que le gouvernement s'était, à l'origine, refusé à permettre aux Banques coloniales l'émission du billet de 5 fr. — Étrange contradiction! ce qu'il n'a pas permis aux Banques de faire pour 5 fr., il l'a fait pour 2 fr., pour 1 fr., pour 50 c., et sa réforme a produit des fruits si amers, que ce hideux papier, cette *rag-money*, renversement de toute idée reçue en matière de circulation régulière, doit être considéré comme un véritable bienfait... Mais nous nous arrêtons, car ce point doit être traité à part.

Terminons par une simple question. — Où en serait-on arrivé à la Martinique et à la Guadeloupe, si, sans numéraire, on se fût encore trouvé sans billets de Banque? — Comment eût-on acheté, comment eût-on payé, comment eût-on effectué la rentrée des impôts?..... Est-ce avec le million de petit papier que le Trésor a jeté dans la circulation qu'on eût fait face à tous les besoins de la vie sociale, qui se résument en une tradition de l'instrument des échanges?...

III

Troisième proposition.

C'est l'inégalité de la balance du commerce entre les deux colonies et leur métropole qui a fait naître la crise; ce sont les Banques qui ont déterminé cette inégalité, en facilitant outre mesure les importations par de trop larges crédits ouverts et un taux d'escompte trop réduit.

Quand nous disons *les Banques*, c'est la Banque de la Martinique que nous devrions dire, car ce n'est pas une des circonstances les moins curieuses de ce curieux débat, que, seul, l'un des deux établissements est incessamment mis en cause, alors qu'il suffit d'un peu d'attention pour reconnaître que la situation commerciale *est la même dans les deux îles*. Et encore, n'est-ce peut-être pas assez dire, car au moment où nous achevons cet écrit, elle est plus tendue à la Guadeloupe qu'à la Martinique [1]. Cette différence d'appréciation a une raison d'être qui ne serait pas à sa place dans un document imprimé. Prenons donc la question comme la pose le gouvernement local de la Martinique, puisque

[1] Voir les derniers bulletins commerciaux des deux colonies du commencement de novembre : ils montrent que la prime sur le numéraire et les traites est une fois *plus élevée* à la Guadeloupe qu'à la Martinique.

celui de la métropole semble l'avoir lui-même jusqu'ici acceptée dans ces termes. Les choses entendues ainsi et la cause engagée, on trouvera de toute justice que nous commencions par laisser la parole à l'accusée.

Voici comment, dans une délibération datée du 6 octobre dernier et excellemment formulée, le Conseil d'administration de la Banque de la Martinique répond au grief d'avoir favorisé outre mesure le mouvement des importations, en accordant de trop grandes facilités aux escomptes :

« L'administration de la Banque reconnaît que les opérations d'escompte ont pris depuis deux ans un grand développement. Ce développement, toutefois, ne lui paraît ni immodéré ni inconsidéré ; elle trouve sa progression rationnelle et rien de plus. Elle pense même qu'il s'étendra de plus en plus au fur et à mesure que la colonie reconnaîtra les avantages résultant de la création de l'établissement.

» Si depuis trois ans le chiffre des opérations de la Banque de la Martinique a doublé, ainsi que l'établit M. le Gouverneur, il n'y a dans ce fait rien qui doive étonner ; et si, au contraire, en 1858 les opérations ne dépassaient pas celles de 1855, on pourrait lui reprocher son inaction, car à la Réunion, comme à la Guadeloupe, le développement des opérations des Banques a été plus considérable encore qu'à la Martinique [1].

---

[1] Le Conseil d'administration de la Banque de la Martinique se trompe en citant ici la Réunion; c'est l'établissement de la Guadeloupe seul qui a doublé ses escomptes (9,246,115 fr. pour l'exercice 1854-55 contre 18,251,619 pour l'exercice 1857-58); mais on dirait l'erreur volontaire, tant elle fortifie l'argument : *felix culpa!...*

» L'une des causes déterminantes du progrès des opérations de la Banque de la Martinique, c'est assurément l'abaissement de 8 0/0 à 6 0/0 de l'intérêt pour les valeurs de commerce, et à 4 0/0 pour les prêts sur cession de récolte.

» Le taux de 6 0/0 a en quelque sorte mis fin aux escomptes des capitalistes, qui trouvent un placement plus avantageux dans les prêts hypothécaires à 10 0/0, et naturellement les valeurs du commerce sont venues prendre place dans le portefeuille de la Banque.

» Le taux de 4 0/0 adopté en faveur des prêts sur récolte aura et a déjà eu pour effet de modifier le portefeuille, en ce sens que le nombre des valeurs sur place a diminué en raison de l'augmentation des effets garantis par cession de récolte. Ce fait prouve que les planteurs se décident enfin à offrir leurs valeurs directement à la Banque, au lieu de les faire présenter par leurs commissionnaires ; mais cela prouve en même temps que les escomptes de la Banque profitaient depuis longtemps à la campagne, et que les reproches adressés par M. le Gouverneur à ce sujet ne sont pas mérités.

» Si l'on prétendait que l'abaissement de l'intérêt fût un mal, le Conseil aurait à répondre que cette objection se concilie difficilement avec les efforts que font tous les gouvernements pour arriver à ce résultat, et que, d'ailleurs, le but que l'on se proposait d'atteindre en créant les Banques coloniales était précisément l'abaissement de l'intérêt de l'argent dans les colonies.

» Cette intention, formellement exprimée dans le rapport au conseil d'État, vient d'être, tout dernièrement encore, révélée et rappelée par S. A. I. le Prince-Ministre, dans sa dépêche relative à l'organisation des caisses d'épargne dans les colonies.

» L'Administration de la Banque est heureuse d'avoir si bien pressenti les vues du Prince, et elle ne laissera échapper aucune occasion de lui prouver combien elle tient à mériter son approbation.

» Quant aux difficultés présentes, à la crise monétaire et financière, le Conseil repousse toute idée qui tendrait à faire supposer qu'elles ont été créées par la Banque. Elle les subit comme tout le monde, se croyant impuissante à y apporter obstacle.

» Elle est accusée à tort, certainement, de ne pas s'opposer aux importations ; elle n'a en effet aucun caractère pour s'engager dans cette voie. La Banque n'a pas le pouvoir pondérateur qu'on semble lui attribuer de rétablir l'équilibre entre les importations et les exportations, et l'aurait-elle, qu'il lui serait impossible d'en user, car il s'établirait aussitôt, entre elle et le commerce, un conflit perpétuel dans lequel elle succomberait infailliblement, puisque l'agriculture et le commerce, qui sont aujourd'hui son unique point d'appui, se tourneraient contre elle dès qu'elle voudrait s'ériger en censeur de leurs opérations et s'opposer à l'introduction de telle ou telle marchandise, ou en limiter l'entrée.

» Le Conseil a la ferme conviction qu'il doit se renfermer dans ses attributions définies par les statuts de la Banque, c'est-à-dire à veiller à leur exécution et à faire le choix des effets dont les signatures présentent toutes les garanties désirables de solvabilité, sans se préoccuper de la destination des fonds qui lui sont demandés. »

Ainsi, la Banque de la Martinique, acceptant la question comme la posent ses censeurs, semble borner sa défense à dire qu'elle n'est pour rien dans *le mal de l'importation exagérée* et ne saurait, sans imprudence, tenter de l'enrayer.

C'est, à notre avis, faire preuve de beaucoup de bon esprit et de déférence. Nous demandons à n'être pas si docile, et à nous expliquer là, comme précédemment, en toute franchise.

Il y a, comme on le voit, un double grief articulé dans l'accusation à laquelle répond le mémoire justificatif dont nous venons de donner extrait. D'abord l'importation exagérée, puis l'équilibre commercial entre la colonie et la métropole rompu par cette importation exagérée qui se trouverait excéder les exportations. Examinons chacun de ces deux éléments en soi, et dans leur mutuel rapport.

Le croirait-on ? Cette *importation exagérée* qui depuis la seconde année de son institution vaut à la Banque de la Martinique tant de critiques et de tribulations , est l'HISTOIRE DE LA DENT D'OR.

Elle n'a jamais existé...

Non, elle n'a jamais existé.—On éprouve un douloureux étonnement lorsqu'en voyant tout le mal qu'a produit cette idée, on reconnaît qu'aucun de ceux qui l'ont énoncée n'a songé à la soumettre au *criterium* des faits, c'est-à-dire des chiffres. Ouvrez le *Tableau général du commerce de France*, la seule autorité qu'il faille consulter en matière d'exportation des marchandises françaises à une destination quelconque, parce que les valeurs y sont déterminées d'une manière uniforme sans autre variation que celle de la moyenne des prix pendant l'année écoulée; ouvrez ce tableau ou plutôt les volumes de ce tableau de 1853 à 1857, et vous verrez dans les importations que la Martinique et la Guadeloupe ont tirées de leur métropole, durant cette période, les fluctuations suivantes :

	MARTINIQUE.	GUADELOUPE.
1853. —	19,522,218 fr.	14,546,076 fr.
1854. —	21,144,217	16,276,192
1855. —	18,360,944	16,424,997
1856. —	22,532,768	17,318,731
1857. —	20,670,382	18,198,133

Certes, à moins d'admettre que des pays puissent être rivés à un chiffre d'importation réglementaire, il est impossible de voir des fluctuations moins marquées. Qu'on s'arrête, nous le demandons avec instance, qu'on s'arrête pour la Martinique aux chiffres de 1854 et 1855 : présentent-ils rien d'extraordinaire quant à celui des autres années ? Non, au contraire : eh bien, la colonie et la Banque ont été placées, en 1854 et 1855, sous la même accusation qu'aujourd'hui : l'accusation d'*excès d'importation*. Le Gouverneur a fait sur ce sujet les plus sinistres prédictions à ses administrés, et la Banque a reçu de si vives semonces du gouvernement de la métropole, qu'elle a été obligée de se confondre en un mémoire *justificatif*... Attendons la publication du *Tableau général* de 1858, et il nous révèlera bien probablement que la nouvelle mise en accusation pour excès d'importation et le nouveau mémoire justificatif de la Banque n'ont pas été plus motivés cette fois qu'ils l'étaient dans le passé...

Mais non; nous nous trompons certainement : lisons dans les actes du Gouvernement de la Martinique plus attentivement qu'il ne semble le faire, et apprenons à ceux qui l'ignoreraient encore que la Martinique (et sans doute la Guadeloupe) ont été dans le *droit et le devoir* de beaucoup plus importer en 1858 que dans les années précédentes.

Curieuse et intéressante révélation ! Si curieuse et si intéressante, que nous remanions toute cette partie de notre travail pour lui faire place ; il résulte du *Résumé comparatif et raisonné* du commerce de la Martinique, rédigé par le Directeur des Douanes de cette colonie, et inséré dans la *Revue coloniale* du dernier mois de novembre qui vient d'être distribuée : que depuis 1818, c'est-à-dire dans une période de trente-neuf ans, la Martinique n'a effectué que « quatre fois une plus riche exportation que celle de 1857. » — Cela ne nous explique-t-il pas pourquoi elle a non-seulement pu, mais *dû* effectuer une plus forte *importation* en 1858 ?...

Nous croyons avoir dit son dernier mot à ce vieux thème de l'importation exagérée qui a provoqué des critiques si cruelles, parce qu'elles étaient si imméritées. Puisse-t-on ne plus s'en souvenir que pour cicatriser toutes les blessures morales qui en ont été la conséquence !...

Parlons maintenant de l'importation dans ses rapports avec l'exportation, c'est-à-dire de l'équilibre commercial rompu : en un mot, de la balance du commerce *défavorable* à la colonie.

« Consommez moins ou produisez plus !... » pensée irréfléchie ! conseil presque dérisoire s'adressant à des populations réduites au strict nécessaire, et surtout à ces

planteurs qui, à travers la plus difficile transformation
sociale, ont su rétablir les conditions de la production
coloniale par des prodiges d'énergie et d'économie ; ont
su la rétablir en infiniment moins de temps, quoique avec
de moindres moyens, que les colons anglais dans une
épreuve pareille. « Consommez moins ou produisez plus !»
Depuis que le *Moniteur de la Martinique* a lancé dans la
circulation cette façon d'antithèse économique, elle est
devenue le thème des élucubrations des écrivains de la
presse locale. Fortifiée par l'insistance de cette presse,
enfant du pays (qui devrait bien pourtant s'apercevoir
qu'il ne nage pas dans l'abondance), l'idée a franchi
l'Atlantique et s'est emparée, comme à leur insu, d'esprits
d'ailleurs très-éclairés. Tel qui se prendrait à sourire si
on lui parlait en thèse générale du système de la *balance
du commerce*, — chez nos pères, *système mercantile* —
ne fait aucune difficulté d'admettre que les colonies sont
à l'état de crise parce qu'elles importent plus qu'elles
n'exportent : ne réfléchissant pas que ce système suranné
et jugé gît tout entier dans le rapprochement de ces
deux termes...

Nous allons là encore tâcher de rentrer dans la vérité
des choses. — Mais cette fois nous laisserons de côté les
statistiques pour essayer du raisonnement économique.

Admettre qu'un pays s'appauvrit parce qu'il importe
plus qu'il n'exporte, c'est supprimer d'un trait de plume
l'une des très-rares vérités pratiques que les économistes
ont acquises à notre époque. Les ressources d'un pays

ne se réduisent pas à ses seules valeurs exportables.
Tout service payé, toute fonction accomplie moyennant
salaire ; toute chose : propriété bâtie, contrat hypothé-
caire ou titre de rente produisant un revenu, constitue
une valeur. Dès le moment où le paiement a eu lieu, où
le salaire a été remis, où le revenu a été touché, la valeur est active et réelle ; aussi active et aussi réelle pour
ceux qui l'ont palpée que s'ils avaient palpé la valeur
d'une barrique de sucre ou d'un quart de café ; cela est
mathématiquement exact, puisqu'elle leur sert à se procurer des marchandises d'importation absolument comme
si elle provenait de la barrique de sucre ou du quart de
café. Ce qui complète la similitude au point de vue qui
nous occupe, c'est que les détenteurs de l'une comme de
l'autre valeur se trouveraient absolument dans le même
embarras si au lieu de l'employer sur les lieux en achats
de marchandises de consommation, il leur prenait envie
de la faire passer en Europe.—Or, les *résurrectionistes* de
la balance commerciale ont-ils jamais supputé à quelle
somme s'élevait le revenu du capital mobilier et celui
des propriétés bâties d'une colonie comme la Martinique
ou la Guadeloupe ?... Ont-ils, d'un autre côté, jamais
songé à déduire du montant des importations de la métropole le montant des sommes qu'elle verse à chaque colonie pour le paiement des services publics ?... Importer
plus qu'on n'exporte n'est pas la même chose que dé-
penser plus qu'on ne possède. Le compte courant que
j'ai avec vous et sur lequel je suis tantôt débiteur, tantôt

créditeur, peut bien balancer définitivement en votre
faveur au 31 décembre, sans que pour cela ma fortune
soit entamée et vos intérêts compromis; ce qui le prouve,
c'est que voilà déjà bien longtemps que vous consentez à
me le rouvrir au commencement de chaque année...
En un mot, jamais dans la langue commerciale *différence*
et *déficit* n'ont eu la même signification. Le déficit, c'est
la différence qui ne peut se solder : c'est la faillite. —
Eh bien, la société coloniale est-elle en faillite?

Depuis 1854, où pour le besoin de ses théories le
gouverneur de la Martinique lui a fait l'honneur de lui
prédire une éclatante et générale déconfiture, a-t-on vu
la place de Saint-Pierre sombrer sous le faix de ses importations exagérées? A-t-elle mis la clef sous la porte,
depuis que les trop consciencieuses recherches statistiques
de l'un de ses enfants (pourtant des plus éclairés) lui ont
révélé qu'elle s'était endettée envers la métropole de
61,883,102 fr. dans le cours de ces dix dernières années?... Enfin, durant ces derniers mois, au paroxysme
de la crise, vit-on jamais les magasins encombrés d'importations invendues ; comme au temps de l'irruption
commerciale qui suivit la paix d'Amiens, vit-on des
caisses de marchandises sèches passer et repasser huit et
dix fois sous la baguette de l'encanteur sans être jamais
ouvertes?... Non, tout a été vendu, tout a été consommé,
tout a été payé ; — tout a été payé! *puisque l'embarras*
vient précisément de la difficulté qu'on éprouve à faire
passer le montant du prix en France... Alors où donc

est l'équilibre rompu par l'excès d'importation, où donc
est l'importation surexcitée par les Banques?... Il y a lieu
de s'étonner que la presse locale, qui est témoin de cette
situation, ne s'attache pas davantage à la mettre en relief
au lieu d'ouvrir ses colonnes à mille fantaisies économiques sur le fonctionnement des institutions de crédit [1].

Quant à nous, si nous avions conseil à donner à nos
compatriotes, au lieu de cette inanité économique, « consommez moins ou produisez plus ! » nous leur dirions :
« Consommez plus afin de plus produire ! » Oui, consommez, dépensez ! Le bilan des sociétés n'est pas celui
des bonnes gens. Dépensez, non pas en dentelles et en
futilités (que vous ne consommez plus guère, nous ne
l'ignorons pas), mais en immigrants introduits, mais en
engrais, mais en bestiaux, mais en machines !... Si vous

[1] Nos références fréquentes à la presse locale prouvent le soin
avec lequel nous la lisons et l'importance que nous sommes disposé '
à lui reconnaître. Nous croyons qu'elle est bonne à consulter même
dans ses erreurs : ce qui ne veut pas dire qu'elle ne doive pas y regarder de près et chercher à se créer des rédacteurs au lieu d'ouvrir ses colonnes en quelque sorte à tout venant. Ce trop facile
accès qui n'existe pas à la Réunion, — nous le savons — ne procure
pas toujours des travaux tels que ceux de MM. de Bérard, de
l'*Avenir* de la Guadeloupe, Marchet, du *Propagateur* de la Martinique, de Gentile et Basiège, de la *France-d'outre-Mer* de la même
colonie. Le parti pris de ce dernier écrivain contre la Banque ne
saurait nous empêcher de reconnaître qu'il possède un réel mérite
d'exposition, et de constater avec intérêt que ses idées sur la
balance du commerce étaient produites à Paris au sujet du mouvement commercial de l'Algérie presque au moment où il les for-
mulait à la Martinique.

aviez fait cela en 1856 et 1857, vous eussiez envoyé à la métropole dix mille barriques de sucre en plus dans la campagne de 1858. Marchez fermement dans cette voie; soyez de votre temps, et laissez dire ceux qui prétendent vous ramener au temps du *système mercantile!*...

Les Banques doivent hautement se vanter d'avoir concouru à entraîner les colons dans ce genre de dépense. On n'a qu'à ouvrir le *Tableau général du commerce de France* pour préciser mathématiquement la somme d'éloges qu'elles peuvent mériter à cet égard. Ainsi en 1853, année où les deux établissements des Antilles commencent à fonctionner, les exportations brutes des deux îles vers leur métropole sont *inférieures* à leurs importations, dans la proportion de 2,884,967 fr. pour la Martinique, et de 3,742,871 pour la Guadeloupe. En 1854, après la première impulsion donnée par la nouvelle institution, le niveau se relève : il y a une légère différence *en plus* au compte de la Guadeloupe, et le compte de la Martinique est allégé de plus de moitié. En poursuivant jusqu'à 1857, dernière année publiée, on trouve une progression continue (toujours plus forte pour la Martinique que pour la Guadeloupe), progression qui commence à 1,542,858 francs, et ne s'arrête qu'à 6,937,211 francs [1].

---

[1] V. les volumes du *Tableau général du commerce de France*, de 1853 à 1857, aux pages 64 et 65, où se trouvent d'ordinaire placées les deux colonies. Il est entendu qu'il s'agit ici d'évaluations *à l'entrepôt*, c'est-à-dire moins les charges de la denrée.

Voilà le résultat qu'ont produit les deux Banques en
accordant tous les crédits compatibles avec la prudence :
compatibles avec la prudence, car elles n'ont jamais
eu un effet impayé !... Qui pourrait contester la logique
de cette déduction ? — Ce ne sera certainement pas le
gouvernement, qui, en dotant les colonies d'institutions
de crédit, a voulu précisément les aider à rétablir l'é-
quilibre de leur production, profondément troublé par le
grand fait social de l'abolition de l'esclavage.

Ces observations rendent, croyons-nous, superflue
toute discussion spéciale sur le taux de l'escompte. Libre
à quelques jeunes vieillards de la presse coloniale de
regretter les heureux jours où le taux de l'intérêt était
de 12 et 14 0/0 avec *la petite commission en sus ;* les
jours où, recourir au crédit, c'était recourir à l'usure ;
les jours enfin, où escompteur et escompté se promet-
taient un mutuel silence qui n'était que celui d'une mu-
tuelle confusion. Pour nous, nous nous contenterons de
reproduire les paroles qui vont suivre, parce qu'elles
n'ont été que l'expression du bon sens public. — Dans
son premier Rapport à l'Empereur, qui prend les Banques
coloniales à leur origine et les conduit jusqu'en 1855,
la Commission de surveillance de ces établissements con-
signe ce résultat :

Le taux de 6 0/0, adopté pour l'escompte, a exercé une
prompte et utile influence sur les affaires. Il est devenu comme
un niveau régulateur auquel ont dû se soumettre toutes les
transactions honnêtes. Il a eu, en outre, pour corollaire de dé-

tourner une certaine part des capitaux de la voie des placements journaliers et de la reporter sur la propriété foncière, qui s'est ainsi relevée de la dépréciation qu'elle éprouvait depuis les rudes épreuves de 1848.

Revenant sur cet intéressant sujet dans le second Rapport, qui s'arrête à juillet 1857, mais a été délibéré à Paris en août de la dernière année, la Commission s'exprime ainsi :

On ne pouvait autrefois emprunter, dans nos principales possessions d'outre-mer, qu'à un intérêt dont le taux n'était jamais moindre de 10 et 12 0/0, et qui s'est élevé parfois jusqu'à 20 0/0. Depuis 1853, grâce à la création des Banques coloniales, les commerçants et les colons peuvent obtenir d'elles des capitaux à un taux qui n'excède pas 6 0/0. C'est très-rarement et exceptionnellement que, dans quelques colonies, ce taux a été momentanément porté au delà. A la Guadeloupe, et la Commission se plaît à signaler ici ce fait comme un louable exemple, le directeur et le conseil d'administration de la Banque ont su maintenir les escomptes à 6 0/0, sans variation aucune depuis l'origine jusqu'à ce jour. Le temps ne peut désormais qu'accroître et que généraliser les ressources procurées au commerce et à l'agriculture locale par les Banques coloniales ; aussi les préventions qui, dans plusieurs colonies, avaient accueilli leur établissement, ont-elles aujourd'hui complétement disparu. Profitables à la masse de la population coloniale, les opérations des Banques le sont également à la classe plus restreinte de leurs actionnaires. C'est ce que justifient les dividendes qui leur ont été distribués.

Sait-on à qui la Commission fait particulièrement allusion lorsqu'elle parle de quelques colonies où le taux de l'escompte a été exceptionnellement porté au delà de 6 0/0 ? — C'est particulièrement à la Martinique où, de 1856 à 1858, l'escompte a été de 8 0/0. Cette élévation avait été surtout motivée par les dépenses résultant de l'obligation où l'on avait placé la Banque d'acheter d'assez fortes proportions de numéraire français. Les vœux du gouvernement une fois remplis à cet égard, le nouveau Directeur considéra comme un devoir de faire rentrer l'établissement dans des conditions de crédit en harmonie avec les prévisions dn législateur.

Comme cette modification s'est produite peu de temps avant qu'éclatât la plus grande intensité de la crise, des esprits prévenus n'ont pas laissé échapper cette occasion d'invoquer le *post hoc, ergò propter hoc*. Mais voici que depuis ces dernières quinzaines « la plus grande intensité » semble quitter la Martinique pour passer à la Guadeloupe... Qu'en conclure? — Que la trop commode maxime de l'école n'est pas plus vraie ici qu'elle ne l'était précédemment quant à l'expulsion du numéraire par le papier : c'est tout simplement une *subséquence* qui a été prise pour une *conséquence*.

Donc, malgré le parti pris auquel semble être arrivée l'opinion égarée par de déplorables erreurs de fait, il faut savoir le dire, parce que c'est la vérité : la Banque de la Martinique n'est pour rien dans la situation de la colonie; il ne lui était pas permis de la conjurer. Prétendre l'enrayer par de brusques restrictions de crédit, c'eût été y jeter une complication de plus ; déterminer des catastrophes dans le haut commerce qui la défendait contre les *marchands de sec* [1] cherchant à mettre la main *au pair* dans son numéraire français. Sa conduite a été pleine de résolution et d'intelligence. En même temps qu'elle formait autour d'elle une coalition pour résister à une autre coalition ; qu'elle émettait au moment le plus désespéré pour plus de 650,000 fr. de traites sur l'Europe, afin d'arrêter la prime dans son ascension démesurée tout en venant en aide à la place, elle abaissait son escompte à 4 0/0 pour les prêts à l'agriculture : mesure aussi radicale qu'opportune, en ce qu'elle révèle un sentiment véritablement économique de la situation.

---

[1] On appelle marchands de sec (ou pacotilleurs) aux colonies, les importateurs qui font leurs remises toujours en papier ou en numéraire et jamais en denrées. C'est cette sorte de loi qu'ils se sont imposée qui les rend si intraitables quand le papier et le numéraire sont à prime élevée.

IV

Résumé de cette première partie.

Situation vraie des Antilles en 1853 et 1854.—Du change des pays d'en deçà
du Cap dans leur mouvement commercial avec l'Europe.

Les différents développements dans lesquels nous
sommes jusqu'ici entré ont-ils eu pour but de démontrer
que la situation était parfaitement calme et sereine lors
de l'avénement de M. le comte de Gueydon au gouvernement de la Martinique? Nous serions à la fois bien
injuste et bien maladroit si pareille pensée se rencontrait
au bout de notre plume. — Non, nous serions le premier à le proclamer si on pouvait l'oublier : en 1853, la
situation était tendue à la Martinique aussi bien qu'à la
Guadeloupe ; dans l'une comme dans l'autre colonie, les
deux Banques, entrées nouvellement en activité, se préoc-
cupaient du maintien de leur encaisse métallique. Mais
en résumant cette gêné par des chiffres, on trouvait une
circulation suffisamment nourrie pour que la prime des
traites sur France ne s'élevât pas à plus de 2 à 3 0/0, et
celle du numéraire national à peu près au même
chiffre.

La tension existait donc, et nous avons, nous-même, été trop souvent à même de le constater pour qu'il puisse entrer dans notre pensée de reprocher à qui que ce soit de l'avoir *fait naître* dans l'acception rigoureuse de ces mots. Ce que nous articulons (et c'est bien assez), c'est qu'on s'est mépris sur le caractère de cet embarras, et qu'en voulant y mettre fin par la force, on a tout bouleversé : on a fait naître la crise.

Quel était donc le caractère de la situation en 1853 et 1854 ?... D'abord, elle était frappée de cette sorte de constriction générale qui se produit dans toutes les sociétés, et surtout dans les sociétés coloniales, à l'approche d'une grande lutte internationale. « Le gouvernement, écrivait-on de la Martinique à un journal de Paris, sous la date du 27 avril 1854, au sujet de la note du 13 du même mois ci-dessus reproduite, le gouvernement n'a pas pris garde à ceci : c'est que sa résolution de réforme monétaire nous arrive par le même steamer qui nous porte la nouvelle de la déclaration de guerre à la Russie [1]... »

C'était la vérité, et tous les actes préliminaires de la guerre engagée contre le système monétaire colonial avaient coïncidé avec les préliminaires du redoutable conflit européen. Est-il besoin de beaucoup insister pour faire comprendre que la circulation des colonies devait souffrir comme celle de la métropole de ce malaise précurseur de tous les grands faits politiques où l'inconnu domine ? Il faut que les conseillers du nouveau gouver-

[1] V. la *Presse* du 20 mai de ladite année.

neur de la Martinique se soient trouvés bien étrangers au passé du pays pour ne lui avoir pas rappelé qu'une situation analogue s'était produite à la suite de la révolution de 1830; que le chef de la colonie à cette époque, M. l'amiral Dupotet, avait eu également l'idée de la dénouer par une mesure administrative ; que d'énergiques représentations l'avaient déterminé à laisser marcher les choses, et que les choses avaient repris leur cours par la reprise naturelle des affaires...

Lorsque M. le comte de Gueydon a été nommé à ses fonctions, le gouvernement s'était déjà préoccupé de l'inconvénient qui pouvait résulter des embarras de la circulation au point de vue du fonctionnement régulier des Banques, et il avait adopté, dès 1853, un projet qui répondait suffisamment à la situation, parce qu'il arrivait, en définitive, au résultat du *petit papier*, tant préconisé depuis. Pour soumettre ce projet au Conseil d'État, on n'attendait plus que ceci : l'adoption du nouveau sénatus-consulte des colonies, qui devait placer la matière des institutions de crédit dans le domaine des règlements d'administration publique. C'est des ruines de ce projet ministériel qu'il a repoussé à *priori*, que le nouveau et entreprenant Gouverneur a fait surgir la trop brûlante question de la démonétisation du doublon.

Tel était l'état réel des choses en 1853 et 1854. Mais à ce côté accidentel s'en joignait un beaucoup plus habituel, en quelque sorte normal, et au sujet duquel il est bon que nous nous expliquions.

C'est une erreur très-grave, et qui a sans doute fait naître celle si regrettable combattue dans notre deuxième paragraphe, que de juger de la balance commerciale par le taux du change de place à place [1]. « Les changes, dit un écrivain très-pratique, attestent seulement la différence des effets à recevoir entre une place et une autre, par suite des affaires *effectuées à un moment donné*, sans conséquences durables [2]. » Pour nous, la question du change colonial est tout entière dans les mots soulignés, et nous posons en quelque sorte en principe que dans le mouvement commercial des *pays d'en deçà du Cap* avec l'Europe, le change doit être toujours défavorable ou contraire à ces pays. Cela tient à ce que dans ces centres commerciaux, l'importateur des marchandises d'Europe est toujours beaucoup plus pressé d'effectuer ses remises que le producteur ou détenteur des denrées coloniales, émetteur de traites, n'est pressé de se dessaisir de son papier. D'où il résulte que le papier est toujours *demandé* et jamais *offert*. De même nous pourrions établir, par des faits comparatifs dont le mouvement de l'Ile de la Réunion serait le principal, que c'est le contraire qui existe dans le roulement des opérations des *pays d'au delà du Cap*. La raison dominante de cette différence est que, toute part faite à la distance, les crédits sont beaucoup

[1] Voir cette double erreur professée *ex cathedrâ* dans le *Moniteur de la Martinique* du 28 février 1826.

[2] Coursel Seneuil. — *Traité théorique et pratique des opérations de banque*, page 86.

moins longs d'un côté que de l'autre. Cette idée, qui
n'avait jusqu'ici été dans notre esprit qu'à l'état d'impression, est devenue pour nous une opinion raisonnée
depuis que, cherchant la lumière où elle se trouve, c'est-
à-dire chez les hommes pratiques, nous avons appris
que le change sur l'Europe était toujours contraire à
Cuba. Ainsi cette colonie, dont le surplus de la production sur la consommation est si considérable, cette poule
aux œufs d'or de sa métropole, ce pays qui fait avec
nous des opérations où les deux côtés du compte sont
presque toujours nivelés, Cuba « subit » constamment un
change dans ses remises soit à l'Espagne, soit à la
France [1]. Pourquoi cela est-il ainsi? — Parce que, pour
Cuba comme pour nos modestes îles, le change n'atteste
que la situation des affaires « effectuées à un moment
donné. »

On peut donc admettre hardiment et comme poser en
règle générale qu'à moins d'une énorme différence à leur
profit, sur l'un des deux côtés du compte, il doit toujours
exister un change *contraire* à nos Antilles dans le roulement de leurs opérations avec leur métropole, et il ne
faut pas exciper de l'existence de ce fait économique en
1853 et 1854 pour établir que la situation était radica-
lement mauvaise dès avant la réforme monétaire entreprise.

[1] Renseignements dus à l'obligeance de M. le baron de Rothschild
et à la maison Mitjans, qui fait la commission entre Paris et
Cuba.

Un autre principe à poser, et celui-là, tout en étant élémentaire, est décisif au point de vue qui nous occupe : c'est qu'à défaut de papier, le change doit toujours pouvoir être couvert « par un envoi d'espèces [1]; » et c'est là, pour le dire en passant, ce qui explique pourquoi la prime sur le numéraire est presque toujours la même que celle sur le papier. Or, en énonçant que le change doit toujours pouvoir être réglé en espèces à défaut de papier, les auteurs et les hommes d'affaires entendent naturellement raisonner de centres commerciaux où fonctionne une circulation monétaire normale ; d'où cette conséquence que lorsqu'il s'agit d'un centre où la circulation se trouve troublée par des faits anormaux, la prime sur le numéraire et la prime sur les traites réagissent l'une sur l'autre et produisent un effet combiné. C'est cet effet qui, se multipliant par lui-même, devient crise.

Dans notre espèce, l'effet combiné a eu lieu : 1° parce que méconnaissant les conditions générales du commerce de ses colonies avec l'Europe, le gouvernement a essayé de résoudre une question de change par un acte de l'autorité souveraine; 2° parce que pour faire réussir cet essai (car n'oublions pas que c'en est toujours un), l'administration a pris des mesures qui ont constitué ce que nous avons appelé le *barrage* monétaire ; 3° enfin parce que ces mesures en ont entraîné d'autres qui ont constitué

---

[1] Coursel Seneuil, *loc. cit.*

ce que nous appellerons dans l'un des chapitres suivants la *séquestration* monétaire.

Nous croyons avoir conduit à bonne fin, pour tout esprit impartial, le travail d'élimination préalable qu'il était indispensable d'accomplir avant d'arriver à examiner sainement la question monétaire *en soi*. Nous allons passer à cet examen et chercher à établir :

Quel est l'historique de l'intervention des monnaies étrangères dans la circulation de nos colonies ;

Pour quelle raison cette intervention se trouve indispensable et a résisté à tous les efforts tentés pour y mettre fin ;

Comment il se fait que le surhaussement de ces monnaies n'est qu'une sorte de fiction légale qui ne doit en rien effaroucher les scrupules des hommes du droit commun en matière monétaire ;

Enfin comment il se fait que ce surhaussement est complétement étranger à la rareté du numéraire français.

II

LA QUESTION MONÉTAIRE

I

Du rôle des espèces d'origine espagnole dans la computation monétaire du monde commerçant.

Aperçu historique des réformes monétaires entreprises aux Antilles françaises.— Le surhaussement du doublon ramené à sa juste expression.

« Il n'est point d'endroit dans l'univers où les mon-
» naies aient plus souvent varié qu'aux îles du Vent, »
dit un vieux colouiste, dont les annales s'arrêtent à
1781 [1]. Rien de plus motivé que cette sorte d'exclama-
tion de l'écrivain créole. En compulsant le rare et volu-
mineux recueil qui, sous le titre de *Code de la Martinique*, renferme bien des dispositions législatives applica-
bles à nos autres possessions, on ne trouve pas moins
de quarante-six textes d'ordonnances, d'arrêtés, de dé-
libérations du Conseil d'État, d'instructions ministérielles, dans un espace de moins d'un siècle. Et encore
faut-il remarquer que cette partie de la nomenclature
du recueil ne commence qu'à 1722, tandis que la réglementation de la matière a réellement commencé dès
1671, époque où les colons cessèrent de compter par

---

[1] Dessales. — *Annales du Conseil souverain de la Martinique,*
tome 1, page 104.

livres de sucre et de *petun* pour compter par livres
d'argent.

Dans cette première période, on trouve sept actes
législatifs tant de l'autorité métropolitaine que de l'autorité coloniale. Enfin depuis l'année 1813, où s'arrête
le *Code de la Martinique*, jusqu'au présent jour, il est
encore intervenu quatre règlements. — Totalisons :

Première période, de 1671 à 1722 7
Deuxième période, de 1722 à 1813 46
Troisième période, de 1813 à aujourd'hui . . 4

Soit ensemble 57

Malheureux ! trois fois malheureux pays !...

Nous nous garderons certainement de tenter, même
l'analyse, de ce *corpus juris* monétaire. Nous aimons
mieux tâcher d'indiquer ce que nous en appellerons la
philosophie.

C'est l'un des caractères de notre époque que le dé-
dain pour les leçons du passé. Il semble que pour elle,
l'histoire n'ait rien à faire avec l'administration. Ses de-
vanciers ont-ils réussi, leur succès aurait pu être plus
complet ; ont-ils échoué, c'est qu'ils ont faibli devant le
mauvais esprit des populations : avec plus de persévérance et de savoir-faire, ils seraient arrivés au résultat...

Quelle est l'origine du régime attaqué par le décret
du 23 avril, et comment avait-il pu se perpétuer jusqu'à nos jours ?

En 1713 s'était accompli, on le sait, un grand événement international : le célèbre traité d'Utrecht, qui pacifia l'Europe en consolidant le petit-fils de Louis XIV sur le trône d'Espagne. A partir de ce moment, pour les monnaies beaucoup plus que pour les dynasties, il n'y eut réellement « plus de Pyrénées, » et les espèces au type espagnol commencèrent à affluer dans nos îles. Elles y furent si bien accueillies, que quinze ans après, malgré le texte rigoureux de l'édit de 1727 contre le commerce étranger, un ordre du roi régularisa cet état de choses, en se fondant sur ce considérant « Que le commerce des Espagnols est aussi » utile à l'État et aux colonies que celui des autres na- » tions y est pernicieux; que outre qu'il n'y a pas d'au- » tre expédient *pour introduire* l'or et l'argent dans nos » îles, il procure le débouchement des denrées et des » marchandises qu'on porte de France aux îles....[1] » Ainsi, tandis que nos possessions de la Mer des Antilles étaient placées, quant aux autres nations, sous l'interdit d'une législation véritablement draconienne, elles se trouvaient en libre pratique avec celui de tous les peuples qui possédait le plus d'espèces circulantes. Telle est l'origine véritable du règne de la monnaie espagnole et plus tard *indépendante* dans nos colonies.

Ce règne s'était montré parfois despotique. En

---

[1] *Mémoire du Roi du* 28 *octobre* 1727 *touchant le commerce avec les Espagnols des isles et terre ferme d'Amérique.* — Mor. de S. Méry. *Lois et constitutions des colonies françaises,* tome III, page 236.

1805, sous l'empire de la meilleure organisation administrative qu'aient encore eue, suivant nous, les colonies, les gouvernements de la Martinique et de la Guadeloupe entreprirent de donner des lois à la monnaie espagnole, en régularisant son cours. C'est à cette réglementation que remonte le cours de 86 f. 40 c. pour le doublon ou quadruple, et celui de 5 fr. 40 c. pour la piècette d'or ou le grand écu d'argent qui représente son seizième [1].

Pendant que l'administration coloniale réglait ainsi les choses, le gouvernement de l'Empereur les réglait différemment par un décret du 20 floréal an XIII. Nonobstant cet acte du pouvoir souverain, l'autorité locale crut pouvoir prendre sur elle de maintenir jusqu'à prescriptions contraires les dispositions qu'elle avait arrêtées. Par une lettre du 12 septembre 1806, le ministre Decrès lui fit savoir que l'Empereur, dont il avait pris les ordres, reconnaissait les motifs d'utilité publique qui avaient dicté l'arrêté du 30 fructidor. L'approbation était assez explicite pour que cet acte parût pouvoir être indéfiniment maintenu. Or le régime qu'il avait inauguré, après avoir subi l'épreuve de l'occupation anglaise qui le respecta, demeura immuable jusqu'en 1817, c'est-à-dire pendant douze ans : ce qui est peut-être bien

---

[1] L'arrêté de la Martinique du 30 fructidor (17 septembre) de cette année ne fit qu'emprunter celui de la Guadeloupe de l'année précédente (17 germinal an XII). -- Voir *Code de la Martinique*, tome V, page 54.

la plus longue période monétaire connue jusque-là aux Antilles !

Durant cette période, de grands désordres s'étaient introduits dans une certaine nature d'espèces d'argent que l'usage avait introduites pour satisfaire aux besoins de monnaie divisionnaire qui se fait sentir dans toute société : c'étaient des segments d'écus coupés à l'emporte-pièce. Au lieu de se contenter de renoncer à cette monnaie aussi sauvage par le nom que par la forme, l'administration de la Martinique entreprit une réforme complète du système, réforme qui eut pour conséquence de réduire le doublon à 81 fr. 50 c. au lieu de 86 fr. 40 c.

C'était atteindre les colons dans leurs habitudes, dans leurs besoins, car ils comprirent que la monnaie étrangère si nécessaire aux transactions allait émigrer vers des centres plus hospitaliers et notamment à la Guadeloupe, qui conservait l'ancienne tarification. Aussi toute l'île protesta unanimement. Elle fit mieux que protester, elle dit à ses gouvernants : « Votre règlement ne saurait nous empêcher de continuer à recevoir une monnaie pour ce qu'il nous plaît de la recevoir ; ne trouvez donc pas mauvais que nous continuions à accepter et à donner le doublon pour 86 fr. 40 c... » Le gouvernement d'alors eut le bon sens de reconnaître qu'il avait fait fausse route, et son tarif, *modifi quant au doublon*, qui fut rendu au cours précédent de 86 fr. 40 c., resta en vigueur jusqu'en 1826.

A cette époque, le besoin, paraît-il, se fit sentir de remettre la main au système monétaire des Antilles. Une ordonnance royale du 30 août de ladite année, rédigée à Paris, pour la Martinique et la Guadeloupe, établit dans les deux colonies la computation monétaire de la métropole, réduisit de nouveau le doublon à 81 fr. 50 c., tout en commettant l'illogisme de laisser son huitième d'argent à 5 fr. 40 c. On espérait sans doute désarmer par cette sorte de concession la résistance présumée des colons. Il n'en fut rien. En voyant déserter toutes leurs monnaies atteintes par cette nouvelle réglementation, ils protestèrent comme par le passé, et comme par le passé ils recoururent à la meilleure de toutes les protestations, en maintenant par un accord unanime le taux de 86 f. 40 c.

Là encore, le gouvernement eut le bon sens de reconnaître son erreur, et une décision royale, du 26 août de l'année suivante, donna satisfaction aux colons en rendant aux doublons le cours légal de 86 fr. 40 c.

C'est là ce que nous appelons la philosophie de la question. Car nulle part peut-être, il serait possible de rencontrer à des périodes aussi rapprochées, la répétition des mêmes mesures, des mêmes manifestations de la part des populations et du même esprit de sage concession de la part du gouvernement.

C'est parce qu'il n'a pas été tenu suffisamment compte de l'enseignement que renferme ce passé, que l'on a créé la malheureuse complication à laquelle nous assistons aujourd'hui.

Mais, dira sans doute le lecteur, si la situation est réellement la même que par le passé, comment se fait-il que les colons n'aient pas eu recours à leur mode si efficace de protestation : au maintien conventionnel du taux de 86 fr. 40 c.?—Parce qu'à la différence du temps passé, il y a aujourd'hui une Banque dans chacune des deux colonies, et que ces Banques dominant le crédit local, rien ne peut se faire sans leur concours.

Mais comment se fait-il que les Banques, qui se plaignent si fort aujourd'hui, n'aient pas donné ce concours? — Ce n'est pas l'envie qui leur a manqué, c'est même, on peut le dire aujourd'hui, en grande partie à elles qu'est dû ce maintien temporaire du cours de 86 fr. 40 c., que nous avons constaté plus haut avoir existé pendant les premiers mois de la mise à exécution du décret.

Comment se fait-il alors qu'elles aient échoué ?—C'est qu'il leur est arrivé ceci : Lors de la répartition du dividende qui suivit la mise à exécution du décret, le gouvernement, sur la proposition de l'administration de la Martinique, décida qu'on retrancherait de la masse à partager une somme équivalente à la plus-value des doublons existant en caisse, et que désormais il serait interdit aux deux Établissements de tenir aucun compte de cette plus-value dans la publication de leurs situations mensuelles.

Par cette mesure, qui fut, comme on le voit, d'une *extrême simplicité*, ce qui aurait dû être un obstacle devint un instrument de succès ; et c'est aux vigoureuses résolutions proposées par l'administration locale de la Martinique, et toujours adoptées par la métropole, qu'est dû l'accomplissement de ce grand fait vainement poursuivi par le gouvernement du premier Empereur et par celui de la Restauration : la suppression du cours de 86 fr. 40 c.

Le seul inconvénient est qu'il ait été remplacé par celui de 94 !...

Quoi ! 94 fr. ?... Mais quelle est donc, s'écriera alors le lecteur, quelle est donc cette loi mystérieuse d'une économie politique ignorée, qui rend si impérieusement nécessaire à des sociétés placées sous le drapeau de la France la circulation d'une monnaie étrangère ; d'une monnaie surhaussée ; d'une monnaie formée d'un métal déprécié relativement à l'argent ?...

Nous reconnaissons qu'il y a là quelque chose qui peut paraître choquant. Nous le reconnaissons d'autant plus volontiers, que cette impression fut d'abord la nôtre, et que nous ne l'avons point dissimulée tant que nous avons, superficiellement et sans responsabilité, raisonné de la question. Mais lorsque, nommé membre de la commission d'élaboration du décret du 23 avril, nous eûmes considéré comme un devoir de descendre au fond de la matière, de nous renseigner par toutes voies ; lorsqu'enfin nous eûmes lu et médité ce qu'on peut appeler les *révélations monétaires* consignées dans le mémoire du directeur de la Banque de la Martinique mentionné plus haut, nous nous rejetâmes brusquement en arrière... — Nous avions compris ce qu'était cette prétendue *anomalie* dont nous avions si souvent entendu parler et parfois parlé nous-même...

Depuis lors, les faits étant venus confirmer toutes nos prévisions qui étaient celles des deux Banques intéressées et celles du gouvernement de la Guadeloupe [1], nous avons été insensiblement conduit à examiner la question à un point de vue moins local, plus économique que nous ne l'avons fait jusqu'ici. Si le lecteur veut bien nous suivre dans l'exposé des éléments que cette étude nous a mis à même de recueillir, il reconnaîtra :

1° Comment le surhaussement des monnaies étrangères n'est qu'une sorte de fantôme qui ne mérite pas le bruit qu'on en a fait;

2° Et comment la circulation de ces monnaies, plus apparemment qu'expressément surhaussées, est indispensable à nos colonies.

Le *Mémoire du Roi* du 28 octobre 1727, relatif aux monnaies espagnoles dont nous avons parlé, fut un des faits économiques les plus importants du dernier siècle. Les deux plus grandes puissances transatlantiques étaient alors, on le sait, l'Espagne et la France. Par l'adoption implicite pour ses possessions du régime mo-

---

[1] On n'a pas assez tenu compte en toute cette affaire des avis et des études de l'administration de la Guadeloupe, si énergiquement opposée à la réforme entreprise par celle de la Martinique.

nétaire de son alliée, la France concourut à généraliser par delà les mers la computation espagnole. Le temps et les révolutions n'ont jamais prévalu contre cette influence souveraine. L'émancipation des colonies espagnoles de l'Amérique, qui, comme nous l'avons vu, ont continué la computation de leur métropole, n'a fait que la généraliser davantage. Aujourd'hui, l'espèce métallique la plus répandue dans le monde entier est l'écu d'argent, qui, sous le nom générique de *piastre*, représente le seizième du quadruple ou doublon.

Parlons en premier lieu de l'entier; essayons d'indiquer son rôle commercial, nous arriverons ainsi plus logiquement à la fraction. Il est bon d'abord de le dire : c'est par une sorte de préjugé que le doublon d'Espagne, proprement dit, est considéré comme ayant une grande supériorité d'aloi sur les *indépendants*. Il résulte d'essais que le département de la marine a fait faire à la Monnaie de Paris, que sauf une ou deux provenances notoirement tarées, il y a très-peu de différence intrinsèque entre les divers types. C'est ce qui explique la valeur uniforme de tous les *indépendants* (moins les provenances répudiées) sur les places, où ils se traitent comme marchandise. Ces places sont celles de Londres et de Paris. Si nos souvenirs ne nous trompent pas, la moyenne de la valeur intrinsèque dégagée des essais officiels dont il vient d'être question, ressort à 84 fr. 50 c. Quelle est la moyenne de la valeur vénale? Il résulte de relevés que nous avons fait faire par l'une des maisons de Paris qui se livre le plus grandement au trafic des métaux[1], qu'en combinant les différents cours de Paris comme de Londres, depuis 1852 jusqu'à ce jour, on dégage une moyenne de 82 fr. Cette sorte de norme est très-modérée, car durant la période indiquée, nous avons nous-même plusieurs fois acquis au-dessus de 83 fr. Voici donc, pour l'Europe, le doublon à une valeur sinon intrinsèque, du moins certaine de 82 fr.

Or nous expliquerons plus loin que c'est d'Europe que partent presque tous les doublons qui vont dans les îles d'Amérique, et notamment de Paris, ceux qui vont dans nos Antilles. Cela étant, il est clair qu'ils n'y arrivent qu'avec un surcroît de valeur, par la raison bien simple qu'ils n'y arrivent que grevés de la dépense du voyage. Quelle est cette dépense ? Tout le monde peut l'établir :

Fret par steamer (1 1/2 0/0), soit. . 1 23 0/0[2]
Assurances (3/4 0/0), soit. . . . . . » 61 1/2
Perte d'intérêts (30 jours à 6 0/0). . » 41

Soit pour un doublon. . . 2 25

Cette espèce, achetée 82 fr. à Paris, ressort donc, arrivée dans nos Antilles, à 84 fr. 25 c. La différence

---

[1] La maison V. Saint-Paul et Cᵉ, aujourd'hui Sourdis et Cᵉ.

[2] Le fret par le steamer est plus cher que par la voie du commerce, mais il évite une commission d'expédition, et la perte d'intérêt est moins considérable.

entre ce cours et celui de 86 fr. 40 c. est donc seulement de 2 fr. 15 c., et non de 4 fr. 90 c., auquel on arrive lorsque l'on opère purement et simplement sur 81 fr. 50 c. et 86 fr. 40 c.

Le numéraire métallique étant marchandise en même temps que signe représentatif, il est difficile de ne pas admettre ce raisonnement ; ce serait même méconnaître l'autorité d'un grand fait pratique, car depuis l'adoption exclusive, par la Hollande, de l'étalon d'argent, le régime appliqué à l'or n'est pas autre que celui de sa valeur vénale[1].

Voilà donc un premier point : la surhausse du doublon aux Antilles n'est en réalité que de 2 fr. 15 c.

Nous reconnaissons volontiers que cette différence est déjà considérable ; mais voyons si elle est de pure fantaisie, si elle constitue, comme on l'a si souvent dit, une anomalie ; en un mot, recherchons si elle ne repose sur aucune base véritablement économique.

Pour cela, revenons à la piastre. Nous avons dit que l'écu d'argent, qui représente sous ce nom le seizième du doublon, était la computation monétaire la plus répandue du monde. En effet, *peso-douro* en espagnol, *peso* dans l'Amérique du Sud, *douro* chez les Arabes et

---

[1] Il y a même ce rapport entre les doublons et les disques d'or que la Hollande continue à frapper pour la commodité des transactions, qu'ils portent seulement l'indication d'un *poids* et non celle d'une valeur. — Voilà pourquoi l'expression locale de toute l'Amérique du Sud, en parlant des doublons ou quadruples, est *onza* (once).

les Chinois, *colonñato* en Italie, *piastre-forte, piastre-espagnole, mexicaine, gourde-ronde*, dans les pays de langue française, *talar, talari, talaro*, en Orient et dans l'Afrique orientale : on la trouve pour ainsi dire partout... C'est elle qui dispute à nos écus de 5 fr. les convoitises de l'Arabe, comme c'est elle qui leur fermera sans doute longtemps encore les marchés du Céleste-Empire... L'Anglo-Américain, si bon juge en ces matières, non-seulement a cru devoir l'adopter pour ses trafics, mais il l'a en quelque sorte nationalisée par le frappage aux étoiles de l'Union, d'une pièce de même poids et valeur, qu'il appelle *round-dollar*, pour la distinguer du dollar ordinaire, *current-dollar;* de même que nos colons des Antilles appellent la piastre *gourde-ronde,* pour la distinguer de la pièce de 5 fr., que l'usage fait aussi désigner par la dénomination de *gourde.*

Or, un fait qui nous semble dominer cette partie de la question, c'est que partout la valeur de cette unité monétaire cosmopolite, lorsqu'elle est de poids et d'aloi, se cote à 5 fr. 40 c. On n'a, pour s'en convaincre d'une manière en quelque sorte réglementaire, qu'à ouvrir les *Annales du commerce extérieur,* publication officielle de notre Département du commerce, qui paraissent par extraits au *Moniteur.* A tout chapitre où l'on verra figurer la dénomination de *piastre*, on est certain de trouver en renvoi au bas de la page la note que voici : « la piastre = 5 fr. 40 c. » Pendant que nous écrivons ceci, nous la retrouvons au *Moniteur* du 13 octobre, à l'article *Chili;*

puis dans celui du 8 novembre, à l'article Costa-Rica, avec cette formule : « *la piastre* 100 *centièmes (Centavos)* = 5 *fr.* 40 c. »

Cette fixation n'a rien d'arbitraire, car la valeur intrinsèque de la piastre varie de 5 fr. 35 c. à 5 fr. 41 c.

Une chose ignorée de ceux que le courant de leurs études n'attire pas vers ces matières, c'est qu'il faut compter par centaines de millions, presque par milliards, pour se faire une idée de la quantité de piastres qui viennent aboutir aux marchés de Londres et de Paris ; surtout à celui de Londres, que l'on pourrait appeler le grenier métallique du monde. C'est sous cette forme, plutôt que sous celle de lingots, que s'effectue presque tout l'approvisionnement de l'Europe en métal *argent.* De cette masse, partie va chercher la fonte au creuset, partie est réexportée en nature au point de départ. Il résulte de ce double fait commercial, qu'aujourd'hui comme au dernier siècle, c'est en Europe que s'établit le cours régulateur de l'espèce qui est devenue comme l'unité monétaire du monde. Sans doute ce cours varie suivant les besoins des deux grands marchés européens que nous venons d'indiquer ; mais avec un peu d'étude, il est facile de reconnaître que sa véritable moyenne ressort à la supputation raisonnée de 5 fr. 40 c. adoptée par notre ministère du commerce. On peut s'en convaincre en se reportant aux différents types qui figurent dans l'*Encyclopédie monétaire* d'Alphonse Bonneville.

La déduction que nous entendons tirer de ces éléments est facile à prévoir. — Il se passe entre la piastre d'argent et son multiple d'or, le doublon, un phénomène analogue à celui que nous voyons s'accomplir entre notre franc d'argent et notre pièce de 20 fr. Personne n'ignore en effet que depuis la découverte des gisements californiens et australiens, la valeur de l'or a sensiblement diminué, et que les louis et les napoléons, qui valaient il y a seulement dix ans *plus* de 20 fr., n'ont plus aujourd'hui intrinsèquement leur valeur nominale. En un mot, le rapport entre les deux métaux précieux, qui devait immuablement être comme 1 est à 15 1/2, se trouve aujourd'hui troublé dans une certaine proportion, en ce sens que les 6 grammes 45 centig. d'or, au titre de 9/10 de fin, contenus dans le napoléon, ne représentent plus la valeur des 100 grammes d'argent au même titre de fin contenus dans quatre écus de 5 fr. La différence en moins équivaut à environ demi pour cent[1]. Eh bien, qui soutient ainsi nos pièces d'or au-dessus de leur valeur réelle, qui leur constitue cette *plus-value?*... C'est leur multiple d'argent, l'étalon monétaire *franc*. Et cependant que voyons-nous? — C'est que cet étalon monétaire *franc* qui, suivant l'expression de l'écrivain cité plus haut, sert « de parachute » à l'autre, tend à se raréfier sans cesse, tandis que l'autre abonde, au contraire, chaque jour davantage. C'est là un problème que l'on qualifie de redoutable et qui provoque les

[1] Michel Chevalier : *De la baisse probable de l'or.*

plus hautes méditations de la science, nous le savons. Mais nous savons encore que le gouvernement laisse méditer les savants, et ne semble pas disposé à modifier le régime monétaire créé pour la France par la loi du 7 germinal an xi.

Eh bien, voilà le véritable *criterium* de la question monétaire des Antilles. Partout où la piastre passe pour 5 fr. 40 c., le doublon passe pour 86 fr. 40 c. ; le multiple d'or et son diviseur d'argent s'en vont l'un soutenu par l'autre, absolument comme notre napoléon d'or et notre franc d'argent. Dans tous les pays (ou du moins nous ne connaissons pas les exceptions) où l'un est reçu, il ouvre les portes à l'autre. C'est pour avoir méconnu cette solidarité des deux éléments de la computation la plus répandue dans le monde commerçant, qu'on en est arrivé à vouloir rendre les colonies plus orthodoxes que la France en matière de monnaie. L'*anomalie* qu'on laisse subsister pour la France continentale avec toutes les vastes proportions d'une circulation qui nombre par milliards, on a entrepris de la faire disparaître de deux petites îles dans chacune desquelles les espèces d'or étrangères ne se sont peut-être jamais élevées à plus de 4 ou 5 millions.

On voit que dans tout le cours de cette discussion, nous avons raisonné au point de vue commercial, au point de vue économique, et nullement au point de vue trésorerie. Nous n'admettrons, en effet, jamais, pour

l'honneur de l'administration française, que la métropole de la Martinique et de la Guadeloupe ait pu énoncer, parmi les motifs de la réforme entreprise, la prévision de pertes pouvant résulter, pour les caisses locales,
de la dépréciation continue de l'or. Quoi! ce serait
pour éviter une dépréciation théoriquement éventuelle
d'une centaine de mille francs à l'avoir financier de la
Martinique et de la Guadeloupe, qu'on aurait rallumé
le feu de cette funeste question de la démonétisation?...
Nous le répétons, c'est là une chose à laquelle il est
défendu de croire; mais si jamais pareille appréhension
s'est présentée à quelques esprits, ils seront certainement rassurés en voyant dans le cours de cet écrit comment le doublon s'est comporté dans la circulation
après sa démonétisation.

II.

**Pourquoi la piastre et son multiple-doublon se trouvent
indispensables aux Colonies françaises.**

Commerce avec l'Étranger. — La véritable balance commerciale au détriment
des Colonies. — Causes combinées de la crise.

« Il n'y a pas *avantage*, il y a *nécessité* de subir la
surhausse du doublon... » disait le comité d'agriculture de Saint-Pierre dans son remarquable avis, trop peu
écouté, du 22 mai 1854. — On va voir à quel point
la question se trouve bien formulée dans ce peu de
mots.

En disparaissant, ou à peu près, du monde maritime,
l'Espagne a laissé vacante dans le commerce colonial
une place qu'ont vite occupée les États-Unis. Le temps,
l'adoucissement des mœurs, les premières lueurs du li-
béralisme économique qui lève aujourd'hui son drapeau,
ont successivement fait brèche au vieux contrat bilatéral
qui liait les colonies françaises à la métropole. Ce qui
s'appelait si justement le *monopole* métropolitain a cessé
d'avoir pour sanction la peine des galères en matière de
douane. Depuis le commencement de ce siècle, l'inter-

diction draconienne qui fermait les colonies au commerce étranger a disparu pour les objets de première nécessité; et nos possessions des Antilles tirent de l'Étranger, et notamment de l'Amérique du Nord, des farines, du bois, des chevaux, des bêtes de boucherie, de la morue et autres objets secondaires de consommation.

Mais si la France, voulant avant tout assurer l'alimentation des populations coloniales, a cru devoir renoncer à une partie de son privilége quant aux importations, elle l'a maintenu dans toute sa rigueur quant aux exportations. Aujourd'hui, comme en 1727, les colonies des Antilles ne peuvent livrer à l'Anglo-Américain, en échange de ses marchandises importées, que quelques produits insignifiants de leur cru, et des marchandises de leur métropole que l'organisation vicieuse de leurs entrepôts réduit à des quantités relativement très-faibles.

La conséquence est facile à saisir. Les Américains, ne pouvant faire leurs retours en marchandises, sont obligés de les faire en numéraire. Et comme ces infatigables trafiquants vont tâter du beaupré de leurs goëlettes tous les différents marchés de la Mer des Antilles, il leur faut le numéraire le plus connu, le plus généralement accepté dans ces différents centres commerciaux. Nous venons de démontrer que ce numéraire était la piastre et son multiple-doublon : il faut donc aux Américains la piastre ou son multiple. Comme ils n'ont jamais beaucoup médité sur la « baisse probable de l'or, » ils ne s'occupent pas de savoir si le rapport entre les deux métaux se trouve troublé ; si le multiple vaut intrinsèquement moins que son diviseur : ils savent que le doublon est généralement reçu pour 16 piastres ou 16 fois 5 fr. 40 dans les pays qu'ils vont visiter, et ils prennent le doublon pour 86 fr. 40, parce que 16 fois 5 fr. 40 = 86 40.

Ce fait économique domine de si haut la matière, qu'on a cherché à l'infirmer par de prétendues informations tirées de Porto-Rico.

Nous croyons qu'on s'est donné à cet égard un soin superflu. — Il n'y avait pas d'enquête à ouvrir, et cela par la raison bien simple qu'il n'y avait qu'à regarder autour de soi : ces capitaines américains qui enlèvent les doublons de nos Antilles à 86 fr. 40, qu'en font-ils?...

C'est donc le compte ouvert entre nos Antilles et l'Étranger qui se solde à leur désavantage et constitue en réalité leur balance commerciale défavorable. — On vient d'en voir la cause : cette balance est forcée, elle est tout exceptionnelle, puisque, quelle que puisse être l'abondance de la production coloniale, il y a impossibilité légale de la régler autrement qu'en *numéraire* [1].

Mais à combien se monte cette balance?... Évitons d'accumuler les chiffres. Raisonnons sur le dernier résultat connu. C'est l'année 1855 dont le département des co-

[1] Nous croyons qu'on devrait, pour cette raison, faire toujours abstraction du commerce étranger, lorsque l'on raisonne du mouvement des importations et des exportations coloniales.

lonies achève en ce moment même d'imprimer la statistique. Cette année n'ayant rien offert d'extraordinaire, il est clair qu'elle peut, en moyenne, donner une idée des autres. Or, en 1855, la Martinique a reçu en importation directe de l'étranger (*directe*, c'est-à-dire sans tenir compte de la provenance des entrepôts de la métropole, qui est ici hors de cause), la Martinique a reçu, disons-nous, pour une valeur de 4,334,375 fr. de marchandises étrangères admissibles à la consommation. Sur cette somme elle a pu payer en produits soit de son cru, soit de son entrepôt, pour 1,444,501 fr. Il lui est donc resté à parfaire en numéraire une différence de 2,889,507 fr., c'est-à-dire tout proche de 3 millions de francs.

La Guadeloupe a reçu, sous la même déduction, 4,068,166 fr. Elle a pu payer en produits de son cru ou de son entrepôt, 626,290 fr. Il lui est donc resté à parfaire en numéraire 3,441,876 fr.

Voici le rôle que cette balance commerciale en apparence si minime joue dans la crise. On va voir que si elle n'en est pas la cause unique, elle en est du moins la cause originaire et déterminante.

Il faut, en un peu plus ou en un peu moins, que le commerce anglo-américain (et pour une certaine proportion le commerce espagnol de l'île de Porto-Rico) trouve chaque année, en numéraire étranger, dans la circulation de chacune des deux îles, la somme représentative de sa balance. Lorsqu'il ne la trouve pas en numéraire étranger, il est bien obligé de la prendre en numéraire

français. Après avoir fait main basse sur les écus de
5 fr. (car l'argent est toujours préféré), il prend tout ce
qu'il peut trouver, même les espèces les plus minimes,
même le billon...

D'un autre côté, le commerce français, nous l'avons
dit, doit normalement subir un change de 2 à 3 p. 0/0,
pour le besoin de ses règlements avec la métropole.
A défaut de papier qui lui convienne ou lui suffise, il
veut toujours trouver ce change « en espèces » dans la
circulation locale. Il recherche donc les espèces sous la
double forme de numéraire national d'abord, de doublons ensuite. Il les recherche avec ardeur, pendant que
son concurrent étranger l'emporte. La vivacité de sa
poursuite, les clameurs de son insuccès, qu'il a soin de
rendre assez retentissantes pour bien persuader son cor-
respondant d'Europe de leur sincérité, deviennent un
nouvel élément à l'intensité du mal.

Continuons : de gratuit qu'il était naguère, le travail colonial est devenu salarié. Il faut, chaque semaine,
au planteur, une somme déterminée pour le règlement
avec ses journaliers. Dans une soigneuse étude statistique, publiée, croyons-nous, à fin de 1853[1], le *Courrier
de la Martinique* évaluait à plus de quatre millions et
demi « d'argent comptant, vif et solide, » la somme que

[1] Ou au commencement de 1854 : la date manque sur l'extrait du journal que nous possédons.

Voir dans notre travail de la *Revue des Deux Mondes* du 1er janvier de l'année 1858, la constitution actuelle de la propriété coloniale.

la colonie devait trouver pour ce règlement. Cette évaluation nous paraît exagérée en ce sens qu'une partie de la somme remise aux mains du travailleur est successivement rendue par lui à la circulation. Mais on peut raisonnablement adopter la moitié de l'évaluation et admettre la nécessité d'un roulement de plus de deux millions pour cet article.

C'est aux négociants, c'est à son commissionnaire de la ville que le planteur s'adresse pour se procurer l'argent que réclament ses noirs et ses coolies. Hélas ! les deux millions et plus « d'argent vif et solide » qu'il lui faudrait sont aujourd'hui figurés par environ un million de papier fractionnaire à l'insuffisance duquel il faut suppléer. — Nouvelles recherches, nouvelle chasse aux petites espèces : partant nouvel élément d'intensité à la crise.

Enfin, et c'est là le dernier coup : l'administration coloniale, pour se défendre contre la pénurie monétaire qu'elle a créée autour d'elle par cette malheureuse réforme, a trouvé parfaitement naturel de décider en principe qu'elle ne remettrait ses traites sur le Trésor public que moyennant contre-valeur en espèces *nationales*[1]. En sorte qu'il ne paraît littéralement pas une

[1] Nous n'ignorons pas que cette mesure a été adoptée par l'administration de la Martinique pendant la période d'agitation monétaire qui a précédé le décret; mais elle n'avait été prise que temporairement, et ce sont les conséquences de la mise à exécution de cet acte qui ont déterminé son maintien, et l'ont fait, depuis peu, adopter à la Guadeloupe.

pièce de monnaie française dans la circulation des deux
îles, que le fonctionnaire qui la reçoit (car les fonctionnaires ont le privilége de recevoir une partie de leur
traitement en espèces nationales), que le fonctionnaire
qui la reçoit ou celui à qui il la passe, ne songe à la
mettre de côté pour aller la vendre au négociant voisin
ou à la Banque, qui sont toujours en quête de traites du
Trésor. — Déplorable expédient qui a inauguré une
complication nouvelle et tout à fait *sui generis :* celle de
la *séquestration monétaire...;* expédient démoralisateur
qui a répandu comme une sorte de billonnage dans tous
les rangs de la société coloniale; mesure essentiellement
fausse, qui a fait descendre les classes éclairées au rôle
économique de l'Arabe et du coolie enfouissant leur
pécule.... Ainsi, non-seulement le trésor local trouve
de prudente administration de garder sous clef toutes
les remises en espèces que lui envoie la métropole, mais
il lui paraît, de plus, très-habile de reprendre au moyen
de ses traites la faible partie qu'il consent à laisser
tomber dans la circulation....

Telles sont les causes diverses, mais convergentes,
mais concomitantes du mal, comme dirait la langue
médicale. Les effets sont combinés et se multiplient par
eux-mêmes; mais l'origine est une.

Qu'on ne se laisse donc pas prendre à cette idée
qu'il n'est pas possible que quelques milliers de *doublons*
expulsés de la circulation des Antilles aient pu faire
naître la crise actuelle. D'ailleurs, c'est encore là un

mot sur lequel il faut s'entendre par une dernière explication.

Nulle part la spécification *doublon* ne se trouve écrite
au décret du 23 avril. Cet acte dit que « les espèces étrangères » mentionnées dans l'ordonnance royale du 30 août
1826 cesseront d'avoir « cours légal, » qu'elles cesseront
d'être reçues et données par les « caisses publiques. » Il a
donc exclu du même coup le doublon et ses fractions :
demi-quart, huitième ; la piastre et ses fractions : demi,
quart ; l'aigle américaine et ses fractions, de création
postérieure à l'ordonnance de 1826, qu'on aurait dû
peut-être, à cause de cela, excepter, mais par lesquelles
on a, au contraire, à cause de cela même, commencé la
proscription [1]. Il faut remarquer les expressions qui précèdent. Elles impliquent deux choses bien distinctes :
d'abord, suppression de la surhausse séculaire ; puis, suppression de toute force libératoire légale, c'est-à-dire
qu'à n'importe quel cours, les caisses publiques ne
devront plus s'ouvrir pour les espèces expulsées.

On le voit, c'est le vide obtenu à haute pression. Tous
les moyens semblent avoir été bons pour y arriver. —
Et l'on s'étonne après cela de suffoquer !... Et l'on se
demande si la suffocation ne pourrait pas bien venir de
ce que les Banques escomptent à 6 0/0 !...

Nous ne terminerons pas ce paragraphe sans répondre
à une question que nous avons entendu poser dans une
pensée secrètement dubitative. — On dit : Puisque le

[1] Voir pages 16 et 20.

doublon vaut une prime si élevée à la Martinique et à
la Guadeloupe, comment se fait-il que la spéculation ne
songe pas à l'y importer? Comment ce courant monétaire qui se trouvait alimenté au cours de 86 fr. 40 c.,
ne l'est-il plus à celui de 92 et 94 fr.? — Pour des raisons que nous croyons très-concluantes et que nous allons
essayer d'indiquer.

Quoi qu'on en ait pu dire à ce sujet, ce n'est jamais
la spéculation proprement dite (et c'est là pour nous
l'expression d'un regret, car la spéculation est toujours
légitime et désirable comme moyen d'approvisionnement), ce n'est jamais la spéculation qui a alimenté
la circulation des Antilles en monnaies étrangères.
Les versements y étaient surtout effectués par les capitaines marseillais qui portaient avec eux cette monnaie
pour l'achat des sucres qu'un usage traditionnel faisait
toujours payer au comptant et en argent. A ces contingents peu importants, mais à peu près réguliers, venaient
se joindre ceux qu'expédiaient quelques maisons d'Europe ayant des intérêts directs avec les deux îles; et enfin,
depuis 1853, ceux qu'avaient commencé à y attirer les
Banques. Avant le décret de démonétisation, ces différents introducteurs savaient au juste ce qu'ils faisaient.
Ils savaient qu'en payant les espèces à un prix moyen
de 82 fr., les grevant de 2 fr. 25 c. au moins pour
frais de transport et d'assurances, il leur resterait *certainement*, à l'arrivée dans la colonie, un agio de 2 fr.
15 c. environ. Ce n'était point assez pour déterminer de

grandes opérations, des opérations spéciales; mais c'en était du moins assez pour faire préférer ce genre de remise aux autres, et attirer ainsi des ruisselets monétaires qui alimentaient suffisamment la circulation coloniale. Dès le moment où le cours légal a disparu, qu'est-il arrivé ? — Il est arrivé que les Marseillais, les maisons de Paris, aussi bien que les Banques, ont cessé leurs introductions. En effet, tout se tient en matière de change : nous avons vu plus haut que le papier sur l'Europe se place dans les deux îles à 10 et 12 0/0. Le Marseillais qui achète aujourd'hui les sucres du colon trouve beaucoup plus simple, au lieu de se charger de numéraire, de les payer en traites sur son consignataire. Cette même denrée qu'on le voit mettre à bord de son navire crée son crédit sur la place, et il peut placer ses traites avec une prime bien supérieure au bénéfice que lui aurait rapporté l'agio sur les doublons.

De même, pour les maisons de France : au lieu de se donner l'embarras d'une expédition d'espèces, elles n'ont qu'à écrire à leurs associés de la colonie : « Tirez sur moi jusqu'à concurrence de telle somme. »

Quant à ce qui est des Banques, nous n'avons plus à dire pour quel motif elles ont dû renoncer à entretenir la circulation des espèces dont il s'agit.

Trouve-t-on ces explications insuffisantes, et faut-il encore répondre à cette autre question que nous avons entendu formuler : — Comment se fait-il que quelque puissante maison de banque européenne, renouvelant ce qui a déjà été fait avec succès lors de la répartition de l'indemnité, n'envoie pas un agent aux colonies, muni de fortes sommes en espèces? — Parce qu'une fois le bénéfice accompli sur le placement de ces sommes (en admettant que leur importance même ne dépréciât pas le cours), l'agent de la puissante maison se trouverait dans la position du plus humble pacotilleur: il ne pourrait se procurer le moyen de rapporter en Europe le capital à lui confié, qu'en payant d'une main la prime qu'il aurait reçue de l'autre. — Ce qui est tout simplement l'absurde.

III.

La situation envisagée au point de vue des Banques coloniales.

Importance et caractère particulier des Banques coloniales. — Du rôle des monnaies étrangères dans leur encaisse. — Situation comparée des Banques des Antilles et de la Réunion.

Comme tant de choses déclarées impossibles, les Banques coloniales ont failli à toutes les espérances des fortes têtes de la routine : elles ont admirablement réussi… En moins de six années, leurs racines ont pénétré si avant dans la société coloniale, qu'on les croirait séculaires. Elles sont devenues chacune pour leur localité ce qu'est aujourd'hui la Banque de France pour leur métropole. Moins exclusives dans leurs opérations que ce grand établissement, ce n'est pas seulement le crédit commercial qui pivote sur elles, c'est encore le crédit agricole. Sur 435 sucreries que compte la Guadeloupe, 217 sont en compte courant avec la Banque de cette colonie, qui leur avance chaque année plus des deux tiers de son capital ; pratiquant ainsi sur une grande échelle le prêt à l'agriculture dont les économistes d'Europe cherchent encore la formule.

Un mouvement analogue se manifeste de jour en jour

plus sensiblement à la Réunion et à la Martinique ; dans cette dernière colonie, surtout depuis l'intelligente mesure qui vient de réduire à 4 0/0 le taux des avances sur engagements de récoltes. « Leur effet a été instantané sur les habitudes commerciales des colonies. La rigueur des conditions ordinairement faites aux emprunteurs y avait fait perdre à beaucoup de ceux-ci les sages habitudes de la régularité dans l'exécution de leurs engagements. L'inflexibilité obligée et systématique des Banques sur ce point et l'abaissement du taux de l'argent ont promptement désarmé toutes les prétentions, fait disparaître tous les inconvénients de cette situation et ramené les uns à plus d'exactitude, les autres à plus de modération. Il est remarquable que dans une période de plus de deux ans, et dans trois colonies différentes sous tant de rapports et spécialement par leur degré de prospérité, pas un seul débiteur des Banques ne leur ait fait défaut [1]. »

En un mot, les Banques ont reconstitué le crédit commercial complétement anéanti aux colonies par le grand choc de 1848, et elles ont créé le crédit agricole, qui n'y avait jamais existé.

Telle est leur situation vraie : situation qui mérite que l'on compte avec elle, et dont le Prince chargé du gouvernement des colonies a d'ailleurs tout d'abord montré qu'il comprenait l'importance.

[1] Premier *Rapport de la Commission de surveillance des Banques coloniales à l'Empereur*.

Mais voyons si c'est bien là tout ce qui constitue leurs droits à la sollicitude des pouvoirs publics.

La formation des Banques coloniales n'est point le résultat d'associations *volontaires* de capitaux. Chacun sait aujourd'hui que ces institutions ont été fondées au moyen de retenues effectuées sur l'indemnité allouée aux colons par suite de l'abolition de l'esclavage. Les intéressés à ces établissements ont donc été des actionnaires contraints et forcés. S'ils proclament aujourd'hui que la portion de l'indemnité affectée à cet emploi est la seule qui ait réellement fructifié pour le pays ; s'ils reconnaissent le réel service que l'initiative du gouvernement a rendu en cette circonstance à la société coloniale, ils ne se croient pas moins fondés à attendre de lui une somme particulière de sollicitude. Ils n'admettent pas, et ils ont parfaitement raison de ne pas admettre, que l'administration puisse leur dire : « J'accomplis une réforme au point de vue général ; je n'ai pas à me préoccuper si elle vous lèse, vous, entreprise particulière...»
Il se peut que cette pensée peu équitable se soit fait jour chez quelques agents secondaires ; mais combien elle s'écarte des prévisions dont s'est montrée inspirée la haute administration lorsqu'elle a présidé à l'élaboration de l'œuvre si nouvelle de la fondation des Banques coloniales ! Appelé par les fonctions que nous remplissions alors, à suivre cette élaboration dans toutes ses phases ; chargé d'en concerter les éléments avec le département des finances, et d'en soutenir la discussion

au Conseil d'État au nom de celui de la Marine, il est une préoccupation que nous avons vue dominer constamment les meilleurs esprits : comment maintenir l'encaisse métallique de banques de circulation dans des pays d'où le numéraire tend incessamment à fuir?... Ces établissements ne seront-ils pas inévitablement conduits au cours forcé ou à la liquidation?... Après avoir entendu émettre cette pensée dans une conférence tenue au Ministère des finances, nous l'avons entendu exprimer avec une si grande force au Conseil d'État par un de ses membres les plus éminents (placé aujourd'hui à la tête de l'un des grands services administratifs), que notre foi aux Banques coloniales en fut un moment comme ébranlée.

Sur quel raisonnement se fondèrent les hommes pratiques, les colons, que l'on consultait souvent, pour infirmer ces tristes prévisions? — Précisément sur le double élément légal dont se composait alors la circulation monétaire des colonies : « Aux demandes de remboursement, lorsqu'elles se présenteront trop vivement en vue d'exportation pour la France, disaient-ils, on répondra en fournissant du numéraire étranger ; et en fournissant du numéraire français lorsqu'elles se produiront trop vivement en vue d'exportation à l'Étranger... » Cette manière de faire, qui est à l'usage de toutes les banques, et que nous avons vu la Banque de France si largement employer l'année dernière, lorsque, fermant à double tour ses espèces d'argent vivement recherchées pour la fonte, elle versait des torrents d'or par les guichets de ses remboursements, cette manière de faire reposait sur une parfaite entente du milieu colonial. Aussi, les raisonnements qui s'en étayaient finirent-ils par prévaloir. Et nous en trouvons l'expression consignée au rapport de M. Chégaray, sur le projet de loi des Banques, lorsque après avoir parlé de cette situation, il indique qu'elle trouve « son » *correctif nécessaire....* dans la prime de 1 1/2 à » 2 p. 0/0 offerte aux monnaies d'or espagnoles, » prime qui retient dans nos Antilles une masse impor- » tante de doublons, parce qu'ils s'y reçoivent cou- » ramment au prix de 86 fr. 40 c. , tandis qu'ils ne » valent ailleurs que 82 ou 84 fr. »

Décrétées et organisées sur ces bases, les nouvelles institutions sortirent enfin de pages, et, dès les premiers mois de 1853, celles des Antilles entamèrent vaillamment leurs opérations. En jetant les yeux sur leurs situations d'alors, on constate que leur encaisse se maintint constamment au niveau de leur circulation de papier, jusqu'au moment où commencèrent les premières inquiétudes jetées sciemment et de parti pris (nous l'avons établi) dans la circulation locale. « Il résulte du » tableau annexé au présent rapport, dit la Commission » de surveillance dans son premier compte rendu à » l'Empereur, que dans la période des « quatre semestres » écoulés, » un seul de ces établissements s'est trouvé » momentanément au-dessous de son encaisse légal. Sur » les observations de la Commission de surveillance, il

» s'est empressé de faire à l'Agence centrale une de-
» mande immédiate d'espèces, qui a promptement ré-
» tabli l'équilibre [1]. »

On peut même constater que la dépression se fait
bien plus tôt sentir à la Martinique qu'à la Guadeloupe,
parce que, ainsi que nous l'avons vu, le gouverneur de
cette dernière colonie employait tous les moyens pour
calmer l'agitation monétaire que son collègue, au contraire, répandait incessamment autour de lui.

Ainsi, le gouvernement a troublé par son fait les conditions d'existence des Banques coloniales. Il les a fait
entrer précisément dans celles que redoutait pour elles
la sollicitude du législateur. Il les a placées, en un mot,
dans la position où se serait trouvée la Banque de
France, si elle n'avait eu qu'une nature d'espèces, l'*étalon argent*, pour faire face à ses remboursements.

Aussi qu'est-il arrivé ? Il est arrivé que la prévision
des hommes éminents que nous avons nommés s'est
trouvée réalisée sans l'intervention des pouvoirs publics,
par la seule force des choses : aujourd'hui les Banques des Antilles ne remboursent plus leur papier. Elles
ne le remboursent pas, parce qu'elles ne pourraient le
rembourser sans entrer en liquidation, et que le commerce colonial, comme l'agriculture coloniale, si grandement engagés aujourd'hui avec elles, ne veulent pas
qu'elles entrent en liquidation. — Fait remarquable dans
des pays où, jusqu'à ces derniers temps, l'on semble

---

[1] Il s'agit du fait énoncé à la page 26.

avoir pris à cœur d'éteindre toute initiative indivi-
duelle : c'est le bon esprit des populations qui soutient
ces établissements. C'est lui qui dans l'une des deux
îles oppose coalition à coalition ; c'est lui qui dans l'autre
retient par sa pression les quelques personnes qui pourraient vouloir s'attaquer à l'encaisse [1].

Car, qu'on le remarque bien, cet encaisse existe ; il
est même très-largement réglementaire, puisqu'aux dernières dates, il était : à la Martinique de 2,042,000 fr.
de numéraire pour une circulation de 4,914,000 fr. de
billets ; à la Guadeloupe, de 1,879,250 fr. de numéraire contre 4,551,800 fr. de billets. Si les deux Banques
défendent cet encaisse avec une invincible énergie; si
elles se procurent à haut prix des *bons de caisse*, légalement considérés comme numéraire, pour en charger les
demandeurs en remboursement, c'est qu'elles savent
que la main du public ne se retirerait plus s'il lui arrivait une seule fois de percer ce rempart de papier, et
d'atteindre les espèces véritablement sonnantes. Vainement dirait-on aux Conseils d'administration qui, libre-
ment élus par leurs coïntéressés, sont placés en dehors

---

[1] Lettre du directeur de la Banque de la Guadeloupe, du 27
septembre 1858. — Ce n'est pas seulement la sympathie des colons qui entoure leurs Banques, c'est encore leur confiance.
Croirait-on qu'au milieu de tous les tiraillements que traver-
sent celles des Antilles, leurs actions (qui sont de 500 francs) se
maintiennent constamment au-dessus du pair: Martinique, 35 fr.
de prime ; Guadeloupe, 75 fr...! Il est vrai qu'à la Réunion, qui
n'a jamais été atteinte par la *réforme* monétaire, la prime est de
275 fr.

de l'action directe du gouvernement : « Écoulez les espèces que vous avez aujourd'hui disponibles, et appelez-en d'autres du dehors.... » En hommes pratiques, ils répondront : « Nos ressources au dehors sont extrêmément limitées, et le besoin auquel il s'agirait de pourvoir est relativement immense. » Ils pourraient ajouter : « C'est un principe élémentaire que les Banques doivent alimenter leur encaisse dans la circulation du pays où elles fonctionnent ; c'est encore là ce que vient de prouver l'exemple de la Banque de France, qui s'est trouvée dans le plus grave embarras parce qu'il lui a fallu demander aux marchés étrangers les métaux précieux dont elle faisait battre incessamment monnaie.....»

On le voit donc : les conditions du fonctionnement des Banques coloniales, telles qu'elles avaient été prévues par les fondateurs de ces établissements, ont été profondément troublées, modifiées par un acte du gouvernement, et c'est avec raison que leurs intéressés peuvent demander aujourd'hui, ou qu'on les rende aux lois constitutives de leur existence, ou qu'on les laisse se débattre de leur mieux dans le triste milieu commercial qui leur a été fait.

C'est notre conviction raisonnée et profonde que tout acte des pouvoirs publics qui aurait pour but d'exercer une pression sur les Banques des Antilles pour les pousser dans telle ou telle voie, pourrait dans les circonstances actuelles entraîner des conséquences de nature à engager sérieusement la responsabilité au moins morale du gouvernement. — Nous n'insisterons pas sur ce point ; mais ce serait méconnaître l'esprit de la législation française sur la gestion des sociétés commerciales que de se refuser à nous comprendre.

Un dernier mot pour clore ce paragraphe spécial. Nous venons de parler des Banques coloniales en général, et nous avons eu tort. La pensée du législateur de 1851 n'a été méconnue que pour les établissements des Antilles. Les autres continuent à fonctionner dans le milieu pour lequel ils ont été créés. Celui de la Réunion notamment, colonie dont nous avons établi la similitude commerciale avec les Antilles, celui de la Réunion, fait admirablement tête à toutes les gênes, à toutes les crises, si crises il y a, enfin à tous les embarras monétaires de la colonie. Jamais il n'a eu besoin de la coalition de ses amis ou de la pression de l'opinion publique pour défendre son encaisse contre les demandes de remboursement. Veut-on connaître la cause de cette force de résistance? — Qu'on ouvre le dernier rapport du Directeur à l'assemblée générale des actionnaires, exercice 1857-58, on y lira ce qui suit :

» Notre encaisse au 30 juin 1857 était de. . .   3,645,307
» Au 31 décembre de la même année, de . . .   3,037,177
» Au 30 juin 1858, de.   3,370,073

» Constamment grossi par les espèces qui nous sont venues » de France, il a éprouvé en même temps de fortes réductions » par des remboursements et des livraisons au commerce pour » des sommes considérables destinées aux expéditions des na-

» vires pour l'Inde et pour Madagascar... Nous devons reconnaî-
» tre que, sans l'activité qu'a apportée M. l'Agent central pour
» nous faire des retours en numéraire, notre encaisse, qui a tou-
» jours dépassé 3,000,000, aurait pu se trouver au-dessous. Nous
» attendons prochainement 500,000 fr. qui forment le solde des
» fonds que nous avions disponibles à la Caisse des dépôts et
» consignations.

» La totalité des espèces reçues de France, du 1er juillet 1857
» au 30 juin 1858, s'est élevée à 2,120,731 fr. 05 c. »

De quoi se composaient ces remises d'espèces dont la continuité vaut des éloges à l'Agent central?.... De *doublons*, rien que de doublons, de doublons achetés sur le marché de Paris, à n'importe quel prix (jusqu'à 83.50...).

Voilà la DIFFÉRENCE qu'il y a entre la Réunion et les Antilles!...

IV.

Simple question :

Le but qu'on s'était proposé est-il atteint?

C'est très-sérieusement que, même après les faits qui précèdent, nous croyons devoir poser cette question. Il est en effet indispensable de rechercher quelle a été la pensée du réformateur pour voir si le résultat y a répondu au moins dans une certaine mesure, et notre tâche demeurerait incomplète si nous n'éclairions sur ce point les consciences élevées qu'une fausse lueur a pu un moment tromper, mais qui n'ont heureusement à se défendre contre aucun parti pris.

Quelle est l'idée-mère, le point de départ, du système qu'a fait prévaloir M. le gouverneur de Gueydon? La voici telle que nous l'empruntons au mémoire imprimé du directeur de la Banque de la Martinique après en avoir vérifié l'énoncé dans les documents officiels placés sous nos yeux lors de l'élaboration du décret :

« Le surhaussement du doublon attire le doublon à

» la Martinique et en expulse la monnaie française, qui,
» n'étant pas surhaussée, s'exporte avec avantage dans
» les pays voisins, et est recherchée par les négociants
» pour leurs remises en France. »

En d'autres termes : « Le surhaussement légal de la
monnaie étrangère déprime la monnaie française, qui
légalement ne vaut jamais que son pair. La monnaie
déprimée se retire et devient rare ; devenant rare, elle ne
se livre plus qu'à prime. Conclusion : faites disparaître
ce surhaussement de la monnaie étrangère, elle n'a plus
intérêt à venir chercher la circulation coloniale ; et la
monnaie nationale y reprend son niveau..... »

Rien de plus séduisant que la simplicité de ce raisonnement, nous le reconnaissons.

Eh bien, les faits ont parlé, et ils ont encore une fois
montré qu'on devait, comme l'écrivait M. de Lamar-
tine à un grand publiciste : *Se tenir en garde contre
les idées simples...* Le surhaussement du doublon a été
supprimé ; non-seulement il a été supprimé, mais tous
les moyens ont été employés pour en effacer jusqu'au
souvenir ; les mesures les plus radicales ont été prises
pour nettoyer la circulation de toutes les espèces étrangères et provoquer ainsi le retour des espèces françaises.
Comment ont-elles répondu aux appels de cette énergique sollicitude qui durent depuis tantôt cinq ans ? —
En se faisant plus rares qu'on ne les avait jamais vues
de mémoire d'homme, en se cotant par conséquent à
une prime telle qu'on n'en avait vu payer de mémoire

d'homme........ Ce qu'il y a de curieux, c'est que la progression de cette prime a suivi pas à pas la progression de la prime du doublon, qui, ainsi que nous l'avons vu, débarrassé du frein de son surhaussement légal, s'est mis de son côté à monter aussi haut qu'il a pu....

Nous ne savons rien de plus frappant que la démonstration en quelque sorte tangible qui ressort de ces faits. Ils prouvent que tout se tient étroitement, solidairement en matière de change et de circulation monétaire, et que ne regarder que d'un côté, si vive que soit la clarté qui y attire l'œil, c'est s'exposer à mal voir. Nous n'avons pas besoin de discussion pour établir quelle est la réalité des choses, car la vérité se dégage toute seule de nos précédents paragraphes. La voici en deux mots : Le commerce colonial s'alimentant à deux sources distinctes, la métropole et l'Étranger, il a besoin d'avoir à sa disposition deux instruments monétaires. Si l'on en réduit un, il faut que l'autre serve aux deux fins. Mais par cela seul il se trouve lui-même forcément diminué. Bref, quelques années ne sont pas écoulées que, réduits tous deux à leur plus simple expression par ce service mutuel qu'ils se sont prêté, ils n'existent plus pour ainsi dire que de nom : c'est l'égalité dans la misère.

C'est pour avoir méconnu ce double élément constitutif du mouvement commercial des Antilles, que la réforme entreprise a passé complétement à côté du but qu'elle se proposait.

Mais en admettant, dira-t-on, cet exclusivisme de la pensée locale, comment admettre qu'elle ait pu trouver créance près de la commission métropolitaine d'élaboration du décret, et près du Conseil d'État? — Nous ne savons ce qui s'est passé au sein du Conseil d'État; mais appelé à l'honneur de participer aux travaux de la commission d'élaboration, nous proclamons sans hésiter son incompétence. Cette commission, par l'éminence même des personnes qui la composaient, n'était pas en position de saisir le petit côté de la question, qui en était cependant le véritable côté. Demander à des hommes haut placés dans l'administration publique, au gouverneur et à un sous-gouverneur de la Banque de France, à des chefs de grandes maisons de banque parisienne, s'il fallait maintenir le surhaussement d'une monnaie d'or étrangère tandis que ce métal se dépréciait relativement à l'argent, c'était évidemment s'assurer de leur part une réponse négative. Aussi, n'y eut-il réellement pas de discussion générale, car deux seuls membres échangèrent des observations de ce caractère, et ils se placèrent à des points tellement divergents qu'aucune conciliation n'était évidemment possible entre leurs idées. Tandis que l'un, spécialiste obscur, s'efforçait de réduire la question aux proportions étroites du « commerce américain » et du régime exceptionnel du commerce colonial, l'autre, l'un des brillants esprits de ce temps, l'attirait, par la souveraine autorité de sa parole, dans la sphère élevée de l'économie politique et du droit commun monétaire [1]. Une réunion de colons, d'hommes d'affaires en relations suivies avec les colonies, se fût sans doute montrée sourde aux principes invoqués par lui : ces principes ne pouvaient manquer de trouver de l'écho chez des collaborateurs placés dans le même ordre d'idées générales, dans le même milieu économique [2]. D'ailleurs leur conscience n'était-elle pas rassurée comme la sienne par la manière dont il amendait sa pensée, corrigeant en quelque sorte le droit commun par la liberté : « Supprimez le cours légal des monnaies étrangères, disait-il ; supprimez le surhaussement qui en est la conséquence, et laissez marcher les choses comme elles l'entendront. *Ne repoussons pas plus les doublons* que les autres monnaies. Ils iront aux colonies s'ils y sont nécessaires, comme ils vont partout où on les recherche ; et on les achètera cher ou bon marché suivant le cours du change... »

Cette libérale pensée (que nous sommes certain de reproduire presque textuellement) comptait sans le *vouloir de la réussite* qui devait animer l'administration en cette affaire ; vouloir qui allait être porté si loin, qu'obstacle matériel a été mis, nous l'avons vu, à ce que les Banques,

---

[1] M. le Conseiller d'Etat Vuitry, président de la section des finances du Conseil d'Etat, qui nous fit l'honneur d'être notre contradicteur dans ce débat.

[2] M. le vicomte de Fougainville, Délégué du Conseil général de la Martinique, appelé à faire partie de la Commission en remplacement de M. Lebœuf, décédé sans y avoir siégé, ne put assister qu'aux dernières réunions.

qui devraient servir d'artères à la circulation locale pussent appeler les doublons dans leurs caisses pour les placer « cher ou bon marché, suivant le cours du change. »

V

D'une petite monnaie locale de papier
ou de métal.

Des monnaies surhaussées ou à bas titre dans les différents États de l'Europe, et dans les colonies étrangères. — Régime monétaire de l'île de la Réunion.

Si nous trouvons légèrement entachées de partialité les louanges que le *Moniteur de la Martinique* prodigue à la création des « bons de caisse, » régularisée par le décret du 23 avril, et un peu exalté le lyrisme avec lequel la *France d'outre-Mer* salue « cette conception de haute portée formant à elle seule toute la solution monétaire [1], » nous ne faisons aucune difficulté de reconnaître que le million de petit papier qui se trouve aujourd'hui dans la circulation de chacune des deux îles a été un horrible bienfait, mais un bienfait... Oui, étant donnée la situation que nous avons vu faire à ces pays, la disposition assurée d'une certaine somme de monnaie courante y a rendu jusqu'à un certain point possi-

[1] Voir le *Moniteur de la Martinique* des 10 avril et 22 mai 1856, et la *France d'outre-Mer* du 24 juin de la même année.

ble le paiement des salaires, et les transactions quoti-
diennes de la vie; elle a surtout permis aux Banques de
résister jusqu'à ce jour aux demandes de remboursement alléchées par le numéraire national si périlleuse-
ment accumulé dans leurs caisses. Mais au point de
vue des saines traditions de la matière, cet *euréka* prétendu ne soutiendra jamais un sérieux examen, et nous
comprenons sans peine qu'il n'ait été « réalisé qu'à
travers bien des obstacles et bien des répugnances ren-
contrés dans la métropole [1]. »

La *rag-money*, quelle que soit la garantie métallique
y attachée, est toujours un expédient hideux, et de plus,
dangereux. Sa rapide altération, qui fait promptement
disparaître les signes de repère indispensables à la
sûreté d'un papier de circulation, est comme un appel
permanent à la contrefaçon. « Sa dissémination dans
les mains de porteurs très-nombreux, souvent peu éclairés, disposés à éprouver comme à se communiquer mutuellement une émotion qui touche à tous les excès [2], »
peut devenir en certains moments donnés une cause
d'agitation et de conflit. L'émotion qu'a récemment produite à la Martinique parmi les cultivateurs, la résolution
annoncée par l'administration locale de ne pas reconnaître la validité des « bons » dont les signatures auraient

---

[1] *France d'outre-Mer,* — article cité.

[2] Chégaray, *Rapport sur le projet de loi des Banques coloniales.*

disparu par le frai, est, quant à ce dernier point, un fait trop significatif pour que nous ayons à y insister.

En ce qui touche la contrefaçon, qu'on nous permette d'emprunter l'anecdote historique qui va suivre à nos études précédemment faites sur le papier-monnaie haïtien.

« En 1852, le gouvernement, pressé par l'opinion, se décida à éteindre les billets de 10 gourdes. Il s'y laissa entraîner un peu par cette considération que l'incendie des Cayes de 1839, et surtout le tremblement de terre du Cap, avaient dû en faire disparaître un grand nombre ; ce qui constituerait un bénéfice pour le Trésor. Les fonctionnaires haïtiens se mirent donc gravement à l'œuvre, aboutant péniblement à leurs souches tous ces papiers en lambeaux. Ils furent d'abord surpris d'atteindre le chiffre d'émission, sans rencontrer le déficit sur lequel le Trésor avait compté. Mais ils le furent bien davantage, lorsque, ce chiffre d'émission atteint, les billets continuèrent à se présenter... Bref, ils se présentèrent encore jusqu'à concurrence de 150,000 gourdes. — C'étaient 150,000 gourdes de faux billets qui étaient entrés très-paisiblement dans la circulation...; le tout, bien entendu, sans tenir compte de ceux qui avaient réellement disparu, soit dans les désastres que nous avons mentionnés, soit par l'usage ou dans les accidents particuliers. On doit rendre au gouvernement la justice de dire, qu'après un moment d'hésitation, il comprit que se serait ruiner à jamais son papier, s'il refusait le paiement de ces 150,000 gourdes supplémentaires. Il les paya comme les autres... [1] »

Voilà ce qui arriva au gouvernement haïtien. — Nous n'en persistons pas moins à répéter, parce que nous ne voulons pas qu'on se méprenne sur notre pensée, que le million de petit papier qui circule à la Martinique et à la Guadeloupe a été et est encore un véritable bienfait.

Mais c'est un bienfait que nous voudrions voir disparaître.

Comment? — Par la création d'une petite monnaie métallique locale, c'est-à-dire dont le titre et la valeur seraient combinés de manière à en rendre l'exportation sinon impossible, du moins très-onéreuse.

Nous savons parfaitement quelle est la première impression produite par l'émission de cette idée. Mais nous ne la développerons pas moins ; nous la développerons avec l'autorité que tout homme puise dans le sentiment d'une étude consciencieusement accomplie.

La France est peut-être de tous les pays celui qui s'est le plus livré à la fausse monnaie. C'est sans doute par un instinct de réaction contre les vieux péchés de ce passé qu'elle se montre de nos jours si impressionnable en tout ce qui touche le régime monétaire. Ce culte de l'*aloi* est sans doute un sentiment fort respectable, mais il ne faut pas qu'il cesse d'être raisonné et devienne du fétichisme.

[1] *Saint-Domingue — Etude et solution nouvelle de la question haïtienne*, t. II, p. 201.

Grammes,
2,310.

Argent 328.

Valeur intrinsèque
0.f 16.c
Valeur nominale
21 ½.

Différence entre les deux valeurs, 25½ %.

Grammes,
2,770.

Argent 332.

Valeur intrinsèque
0.f 19.c
Valeur nominale
21 ½.

Différence entre les deux valeurs, 12 %

Grammes,
3, 250.

Argent 375.

Valeur intrinsèque
0.f 26.c
Valeur nominale
0.f 31 ½.

Différence entre les deux valeurs, 17½ %

Grammes,
5, 375.

Argent 520

Valeur intrinsèque
0.f 61.c
Valeur nominale
0.f 62 ½ .

Différence entre les deux valeurs, 2½ %

Voir la nouvelle Encyclopédie monétaire d'Alph.se Bonneville.

Que n'a-t-on pas dit et écrit lorsque dans ces derniers temps la volonté de l'Empereur a prétendu rempla-
cer notre billon lourd et déformé par les nouveaux
décimes et demi-décimes d'une valeur surhaussée, mais
d'un usage infiniment plus commode? La réalité est
qu'ils n'ont pas produit plus d'effet sur la circulation
que n'en ont produit les billets de 200 fr. de la Banque
de France, dont l'émission devait, à entendre l'un de
nos hommes d'État, entraîner les plus graves conséquences.

En gouvernement il ne faut rien exagérer, même les
meilleures choses.

Arrêtons un moment notre attention sur le système
monétaire des différents peuples de l'Europe, et nous
reconnaîtrons qu'il existe sur ce continent de la grande
civilisation une sorte de tolérance si généralement répandue, qu'elle tend à devenir comme une règle :
c'est que si l'étalon monétaire doit être respecté et
demeurer intact dans ses millièmes de fin, la monnaie
d'appoint peut être de titre inférieur. Nous venons de
parler de la France, continuons par l'Angleterre. « Avec
» l'or pour étalon, dit M. Michel Chevalier, on peut
» sans inconvénient ne laisser circuler l'argent que
» comme du billon, c'est-à-dire en pièces ayant une va-
» leur intrinsèque moindre que leur valeur nominale, ce
» qui entraîne la conséquence qu'il ne puisse accomplir
» un paiement au-delà d'une petite somme. C'est ce qui
» se passe en Angleterre. — D'après la loi de 1816,

» les pièces d'argent qui y circulent contiennent 8 0/0
» de moins de métal qu'il ne le faudrait pour que leur
» valeur intrinsèque fût de pair avec leur valeur nomi-
» nale ; mais elles ne peuvent acquitter une dette que
» jusqu'à concurrence de 2 liv. st. Au delà de 2 liv. st.
» tout paiement se fait en or ou en billets de banque
» qui représentent de l'or [1]. »

L'opinion du célèbre économiste est conditionnelle, nous la reproduisons conditionnelle. Mais il n'en résulte pas moins ce fait que chez une des nations de l'Europe les plus versées dans les saines traditions économiques, il est admis qu'une espèce de valeur assez considérable peut être inférieure en poids de 8 0/0 à sa valeur nomi-nale ; ce qui est absolument la même chose que si elle avait 8 0/0 d'alliage. — Continuons, et nous reconnaî-trons que la condition de l'étalon d'or est loin d'être généralement acceptée. Qu'on jette les yeux sur la planche ci-contre, et l'on verra que la Prusse, l'Autriche, la Bavière, le Wurtemberg, possèdent des monnaies divi-sionnaires de titre inférieur [2]. Ces espèces, dont nous

---

[1] *De la baisse probable de l'or.*

[2] Il faut ajouter à ces grands États toutes les principautés faisant partie de la Diète germanique, que nous ne dénommons pas. De même on doit comprendre que nous avons dû nous borner seule-ment à la reproduction de quelques types, choisissant ceux qui convenaient le mieux à notre démonstration. Sauf la dernière es-pèce (1/4 de florin), qui vient d'être frappée, on les trouvera d'ailleurs toutes et en nombre pour ainsi dire infini dans Bonne-ville. — Nous devons les proportionnalités du nouveau quart de florin d'Autriche et plusieurs autres utiles renseignements à l'obli-

reproduisons quelques types avec le module et la valeur
intrinsèque dans son rapport avec la valeur nominale,
sont d'un frappage excellent, mais d'un aspect terne qui
les distingue à première vue de la monnaie d'argent, dont
elles n'ont l'apparence que dans leur grande fraîcheur.

Dans quel but les différents États dont nous figurons
les types monétaires se sont-ils décidés à la fabrication
de ces espèces à bas titre ?...

Depuis que dans ces dernières années l'abondance de
la production aurifère a troublé au profit de l'argent le
rapport des deux métaux, il s'est organisé en Europe une
industrie que les Anglais nomment le *drainage* de l'argent. Le mot rend bien la chose : l'argent est *soutiré* de
la circulation. Ce mouvement, déjà très-marqué en 1853,
et signalé dans le rapport du gouverneur de la Banque
de France aux actionnaires, n'a été qu'en se développant.
Il se montrera toujours plus fort que les mesures répres-
sives, parce que si les gouvernements peuvent empêcher la
fonte sur leur territoire, ils ne pourront jamais empêcher
le fourneau de s'allumer sur un territoire voisin. Il a surtout
dépassé toute croyance pour l'Angleterre, où en 1853 l'argent ne représentait plus que 0,33 0/0 dans l'encaisse de
la Banque, alors qu'en 1847 il représentait encore 17 0/0.

C'est pour résister à ce *drainage,* c'est pour retenir,
pour « localiser » dans leur circulation la somme de petite
monnaie nécessaire aux transactions journalières de la

geance de M. Scheyer, homme très-pratique et très-versé dans la
matière.

vie, que les États que nous venons de nommer ont combiné les éléments de leurs espèces divisionnaires.

Que nous proposons-nous, que voulons-nous pour
nos colonies, — en tant, bien entendu, qu'il s'agisse de
cette portion de l'instrument monétaire représenté par
les bons de caisse?.. Nous ne nous proposons pas autre
chose que ce que recherchent les Autrichiens, les Prus-
siens, les Bavarois, et autres peuples de l'Europe continentale. Nous voulons défendre nos îles contre le drainage de leur petite monnaie. Faisons donc comme font
les États de l'Europe... Mais non : faisons mieux. Les
scrupules de la France en matière de sincérité monétaire sont trop respectables pour qu'il n'en soit pas
tenu compte. Procédons pour le frappage de cette
monnaie locale d'après les errements adoptés pour
assurer la valeur des bons de caisse : que toute la
partie purement nominale ait sa représentation effective dans les trésoreries locales. Ce dépôt deviendra
une sorte d'aimant qui retiendra les espèces dans la localité absolument comme la contre-valeur des bons de
caisse, que l'on sait exister en beaux et réels écus, y retient ce papier. Arrivera-t-il des moments où la vivacité
du besoin des remises devienne telle qu'on ne recule pas
devant l'exportation de la nouvelle monnaie ?—Eh bien,
si cela se produisait, ce ne serait, à tout prendre, que
chose légitime, car une monnaie n'est jamais créée pour
être localisée d'une manière absolue ; et ce qu'il y aurait
à faire, le cas échéant, ce serait de recourir simplement

à une émission pour combler le vide creusé dans un moment de crise suprême. La détérioration des bons de caisse impose au gouvernement un soin analogue. Seulement il est dès aujourd'hui presque continu, et le deviendra tout à fait avec le temps.

L'une des causes qui ont toujours rendu les pénuries monétaires moins extrêmes à la Guadeloupe qu'à la Martinique, c'est que la première avait conservé depuis fort longtemps une monnaie d'excellent aloi, mais localisée par une tare postérieure à la fabrication. Quel est le colon de la génération actuelle qui n'a connu la *gourde-percée*, cette piastre trouée par l'emporte-pièce de nous ne savons quelle administration aux abois?... Eh bien, la gourde-percée, ressource si précieuse pour la colonie, n'achève son exode qu'en ce moment même; il a fallu pour l'y contraindre, la grande perturbation créée par la réforme de 1855. Mais avant de quitter la place, de quel secours n'a-t-elle pas été, quels services n'a-t-elle pas rendus?— En un mot, elle a bien et dignement accompli sa tâche de monnaie « localisée. »

On peut donc se rassurer quant à ce qui est de l'exportation. — Pour ce qui est de la contrefaçon, nous dirons pour toute observation que le frappage d'une pièce de monnaie d'un type aussi fini que celui qui sort du poinçon français, présente une tout autre difficulté que la confection d'un faux papier de circulation, de même que le noir ou le coolie le moins éclairé doit s'habituer plus facilement à distinguer l'une que l'autre.

On a pu constater que dans tout ce qui précède nous avons parlé des Etats de l'Europe, et non des colonies : c'est qu'il nous a paru beaucoup plus logique d'invoquer les usages de l'Europe, pays du droit commun et de la civilisation, que ceux des sociétés coloniales, qui passent généralement pour le monde de l'exception. Est-ce à dire que les colonies étrangères ne possèdent pas de monnaies spéciales ? Ce serait une grave erreur de le penser. Habitant 'l'Europe depuis de longues années, nos études n'ont pu être aussi complètes de ce côté que du côté continental. Mais ce que nous pouvons affirmer, c'est que nous avons vu et touché les espèces coloniales suivantes :

Pièce de 3 schell. de Demerary et Essequibo (colonie anglaise), avec ses fractions, au millésime de 1832, valant 4 fr. 50;

Guilder et 1/2 guilder, de Surinam (Guyane hollandaise), au millésime de 1836, valant 7 fr. ;

Demi-couronne marine et ses fractions, de la Nouvelle-Hollande (colonie anglaise), au millésime de 1822, valant 3 fr. 26 ;

Rix-dollar de Ceylan (colonie anglaise), dont nous avons omis de noter la valeur;

Pièces de 50 sols et de 25 sols de Maurice (colonie anglaise), provenant de la nationalité française.

Enfin dans l'Inde hollandaise, il y a, indépendamment de la monnaie indigène proprement dite, le demi-florin spécial, au millésime de 1834, valant 1 fr. 04.

Nous n'avons malheureusement pas eu à notre disposition un assez grand nombre de ces monnaies pour les faire essayer, et vérifier ainsi leur valeur intrinsèque. Mais nous croyons pouvoir en admettre *à priori* la surhausse ; n'est-il pas, en effet, très-raisonnable de penser que cette surhausse est leur seule raison d'être, puisque sans elle les métropoles eussent simplement envoyé aux colons les espèces ayant cours chez elles?.. A défaut d'alliage, elles doivent donc être surhaussées par infériorité de poids, comme le schelling.

Mais pourquoi nous égarer à la recherche de ce qui peut se passer dans les possessions étrangères, quand nous avons sous la main une colonie française en pleine prospérité, cette belle île de l'océan Indien que le juste orgueil de l'un de ses plus nobles enfants comparait récemment à Saint-Domingue? — Voyons quel est le système monétaire à l'Ile de la Réunion, et demandons quelques lumières à ce régime que la réforme du 23 avril n'a heureusement pas atteint.

Ce régime est la simplicité même. Le gouvernement de la colonie a pensé qu'un pays placé au milieu de centres commerciaux très-variés (possessions de la compagnie des Indes, possessions de la couronne britannique, possessions hollandaises, Madagascar, etc.), n'avait rien de mieux à faire que de chercher à s'assimiler les différentes monnaies servant aux échanges dans ces différents centres. Toutes les fois qu'une certaine surhausse lui a paru nécessaire pour les attirer, il n'a point hésité à l'adopter. On va juger du résultat par l'énumération des espèces étrangères qui ont aujourd'hui *cours légal* dans l'île :

MONNAIES D'OR.

Ancienne roupie Sicca à l'étoile.	45	
— ordinaire.	45	
Leurs divisions par moitié	22	50
— par quart.	11	25
Roupie d'or de la Compagnie	40	
Roupie d'Arcate	40	
Gold Mohur (ancienne monnaie indienne) . .	37	50
Pagode Star de l'Inde.	8	50
— Kery.	8	50
— Porto-Now	6	625
Souverain et guinée.	25	
Souverain d'Australie (type monétaire récent).	25	
Les 9,600 reis du Brésil.	42	50
Quadruples d'Espagne ou *doublons*.	86	65
— *indépendants*	85	
Sequins de Venise.	10	
— de Turquie.	10	

MONNAIES D'ARGENT.

Piastre d'Espagne.	5	50
— *indépendante*.	5	50
Dollar	5	50

Piastre Marie-Thérèse ou Talaro, appelé aussi
   Talaro *de la Reine*   5
Roupie de la Compagnie   2   50
   —   Sicca à l'étoile.   2   50
   —   d'Arcate   2   50
   —   de Madras.   2   40
Schelling   1

Le tout, bien entendu, indépendamment des espèces
d'or et d'argent françaises.

On le voit, c'est là, si nous pouvons nous exprimer
ainsi, l'éclectisme monétaire le plus complet. Il y en a
pour tous les goûts, parce qu'il y en a pour toutes les
destinations.

Complétons cette nomenclature par quelques observations.

MONNAIES D'OR : Quelques-unes, telles que les pagodes,
les roupies sicca, les gold mohur, les sequins, quoique
tarifées seulement depuis 1834 (arrêté local du 22 juillet), ont disparu ou sont devenues fort rares dans la circulation. Mais le fait légal de leur admission, c'est-à-dire
la force libératoire quant aux particuliers et quant au
trésor, n'en existe pas moins. Pour ce qui est de leur
surhausse, personne n'a jamais eu besoin d'essayage
pour la constater. Chacun sait, par exemple, dans la
colonie, qu'il y a perte à réexporter des roupies sicca
pour l'Inde, de même que chacun sait que la roupie de

la Compagnie tarifée à 40 fr. ne vaut que 35 fr. 90
dans la colonie voisine de Maurice.

Les quadruples ou doublons d'Espagne (fait à remarquer) sont tarifés à 86 65, c'est-à-dire plus haut qu'aux
Antilles, tandis que les indépendants le sont seulement à
85. Il y a anomalie dans ces fixations, en ce que les
piastres des deux provenances sont, ainsi que nous venons de le voir, également tarifées à 5 fr. 50. Ce qui
prouve encore que le rapport entre le multiple et le diviseur n'a pas été pondéré comme il l'était aux Antilles,
c'est que le doublon indépendant est presque toujours *à
prime* relativement à sa cote légale.

Monnaies d'argent : Encore quelques anomalies très-
instructives par leurs résultats. Le talaro dont nous
avons précédemment parlé, quoique ayant généralement
la même valeur intrinsèque que la piastre espagnole ou
indépendante, n'est tarifé qu'à 5 fr. Aussi ne le rencon-
tre-t-on presque pas dans un pays qui en aurait cependant constamment besoin pour ses relations suivies avec
Madagascar, Zanzibar, Mascate, le Golfe Persique,
toutes régions où le *talaro de la Reine* est l'unité monétaire dominante.

La roupie Sicca, qui vaut 5 à 6 0/0 de plus que la
roupie Compagnie, figure pour la même valeur dans le
tarif : aussi, n'en voit-on presque pas dans la circulation.

Le schelling n'est tarifé que pour 1 fr., tandis qu'il a

cours pour 1 fr. 25 à Maurice et ailleurs : aussi, ne se montre-t-il que très-rarement [1].

Le système monétaire de la Réunion est régi par des actes locaux dont le premier remonte au 8 mai 1815. Le dernier en date (que nous connaissions) est l'arrêté du 2 mars 1840 [2]. Un rouage excellent, qui couronne et complète cette très-saine et très-simple législation, est la *Commission des monnaies*, créée par arrêté du 3 septembre 1834. Toutes les monnaies étrangères arrivant dans la colonie sont envoyées directement au trésor par l'administration de la douane, dont le chef est membre de la commission. La commission possède (art. 3) « une collection de toutes les monnaies étrangères *tarifées*, » et elle n'autorise la mise en circulation qu'après examen et comparaison.

Nous ferons remarquer l'économie de cette législation comme nous faisions remarquer tout à l'heure celle du décret du 23 avril.

A la Réunion, il y a à la fois surhausse et — cours légal. On comprend dès lors comment il se fait que la spéculation soit toujours prête à combler les vides que la sortie des espèces fait dans la circulation de la colonie. Son administration locale a pensé que puisque cette sortie du numéraire était une con-

[1] Renseignements fournis ou contrôlés par M. Cerclé, ancien syndic des agents de change de la colonie, et Aubert, ancien négociant à Saint-Denis-de-la-Réunion et à Pondichéry.

[2] V. le *Répertoire raisonné* de Nanteuil, t. III, p. 304 et suiv.

séquence de la position commerciale de l'île, elle devait faire en sorte d'y attirer la plus grande quantité d'espèces possible, afin d'y maintenir un véritable courant métallique. C'est sur ce mouvement de *va-et-vient* qu'elle a compté pour défrayer la circulation, de même que dans le budget des grandes nations on fait entrer en ligne de recette des sommes qui ne font que passer au Trésor, mais qui, par leur permanence sans cesse renouvelée, créent en définitive une ressource effective. — En résumé, on peut dire que les embarras monétaires ne durent à la Réunion que juste le temps qui s'écoule entre la spéculation *du départ et celle de l'arrivée* des espèces...

Ainsi, par le fait, la Réunion a bien réellement, sinon une monnaie locale, du moins une monnaie localisée. Nous savons, toutefois, pertinemment que cette colonie se verrait avec gratitude dotée de petites espèces divisionnaires pour les besoins journaliers du salaire. Cela, ce nous semble, ne saurait donner qu'un nouvel intérêt à l'étude impartiale que nous voudrions voir faire de ce côté de la question.

Nous croyons en avoir assez dit pour établir que l'idée n'est pas indigne d'examen. Si l'examen a lieu, il s'agira de descendre plus avant dans la matière et de rechercher les différents éléments métalliques propres à la formation des nouveaux disques monétaires, de même qu'à déterminer leurs valeurs respectives. — Il sera temps alors pour nous de fournir comme chacun notre contingent à l'œuvre commune. Disons toutefois, dès ce moment, pour que notre pensée ne donne lieu à aucune méprise, qu'elle entend essentiellement laisser l'étalon monétaire *franc* et ses divisions *légales* en dehors de toute combinaison.

Nous avons cherché à dégager la question monétaire des Antilles de toutes les exagérations dont on l'a compliquée.

Nous l'avons ensuite examinée en soi.

Essayons maintenant de lui ouvrir quelques aperçus nouveaux.

III

LES ENTREPOTS RÉELS ET LES PAQUEBOTS TRANSATLANTIQUES.

—

CONCLUSION.

I

Des entrepôts réels des Antilles et du système des taxes intermédiaires.

Imperfection du système des entrepôts coloniaux actuels. — Modification à y introduire. — Corrélation du mouvement des entrepôts avec la circulation monétaire.

Tout lecteur attentif a dû être frappé d'un chiffre qui se trouve énoncé dans le courant de ce travail : sur une valeur de plus de 4 millions de produits qu'elle a reçus en 1855 de l'Etranger, pour sa consommation, la Martinique a pu solder 1,444,875 fr. en marchandises tirées de son entrepôt. Nous disons seulement de son « entrepôt, » parce que celles de son cru ne figurent dans cette somme que pour un peu plus de 35,000 fr. On a pu constater un résultat analogue, quoique moins marqué, pour la Guadeloupe. — La Martinique et la Guadeloupe ont donc des entrepôts! des entrepôts réels! c'est-à-dire des centres où le commerce peut s'effectuer dans ses conditions normales, qui ne sont autres, chacun le sait, que celles de l'*échange*. Ces centres fonctionnent, puisqu'ils donnent un résultat suffisamment appréciable, puisqu'ils ont pu permettre à la colonie de payer en nature une sensible partie de sa dette à l'Étranger.

Mais, pourquoi seulement une partie ? Pourquoi pas la totalité ? pourquoi pas beaucoup plus que la totalité ?...

Ces interrogations nous ramènent à la question des entrepôts coloniaux que nous avons déjà dix fois traitée, et que nous traiterons peut-être dix fois encore, puisqu'il semble que les idées ne puissent aboutir qu'en se faisant obstinées.

— A notre avis, le principal élément de la solution des embarras monétaires de nos colonies est dans le développement de leurs entrepôts.

— Sans le développement des entrepôts des Antilles, l'affaire des paquebots transatlantiques français pèche par l'un des côtés les plus essentiels.

Nous allons essayer de développer ces deux propositions.

En ce qui touche la première, nous demanderons la permission de reproduire, en les remettant à jour, des données générales que nous avons développées ailleurs.

Jusqu'en 1837, le mot *entrepôt*, qui figure dans l'ancienne législation commerciale de nos colonies, notamment dans le *Mémoire du Roi* d'avril 1763, dans l'arrêté consulaire de 1802, et dans l'ordonnance de février 1826, ne fut qu'un non-sens, eu égard à son acception économique ordinaire. Ces différents actes législatifs désignaient, sous le nom d'*entrepôts*, les ports spéciaux appelés à recevoir par navires étrangers ceux des produits étrangers que leurs nomenclatures admettaient à la consommation locale. En juillet 1837, fut votée une

loi qui créait des entrepôts véritables à la Martinique et
à la Guadeloupe [1].

Lorsque la France accorda aux colons, qui la sollici-
taient depuis longtemps, l'institution nouvelle qui fonctionne sur une si grande échelle chez tous les peuples
véritablement commerçants, elle rêva pour eux, comme
ils rêvaient eux-mêmes, tous les avantages propres à ce
genre d'établissement. Ce devait être une ère de ri-
chesse ; un immense mouvement devait s'opérer dans
les centres nouveaux. Les cacaos, les indigos, les cuirs
de la Côte-Ferme, les cafés de Porto-Rico et de Cuba,
les rhums et autres produits des colonies anglaises, les
farines de l'Union américaine, voire même les cotons
de la Louisiane et de la Géorgie, tout cela devait venir
s'entreposer et s'échanger dans les Antilles, leur donner
les bénéfices de la commission, de l'emmagasinage et
du courtage. Enfin, le commerce métropolitain devait
trouver un important débouché par cette voie, chaque
navire étranger qui se recomposerait un chargement
par échange étranger devant nécessairement ouvrir ses
écoutilles aux produits français... Eh bien, il ne s'est
presque rien réalisé de ces belles espérances. On peut
du moins constater qu'il y a absence de toute progression ; car en prenant, par exemple, l'entrepôt de la Martinique, nous trouvons pour son mouvement général d'entrée et de sortie en 1855, un chiffre bien voisin de celui
que nous donnions en 1845, la dernière fois que nous nous

1 Elle a été appliquée à Bourbon par ordonn. du 18 déc. 1839.

sommes occupé de la matière : c'est-à-dire 2,196,820 fr. contre 2,067,288.

D'où provient ce mécompte?—Evidemment de ce qu'on n'a pas assez réfléchi à ceci lors du vote de la loi de 1837 : c'est que presque tous les centres étrangers dont on espérait attirer les produits, produisent eux-mêmes les similaires des objets contre lesquels aurait pu s'effectuer leur échange. A tous les pays qui baignent la mer des Antilles et le golfe du Mexique, la nature a en effet prodigué la même universelle fécondité développée par une température à peu près uniforme. Ce n'est donc pas sous leur propre latitude qu'on aurait dû chercher pour eux l'attrait de l'échange mutuel. Cet attrait, c'est à l'Europe, c'est à la France qu'il fallait le demander. Il fallait trouver une combinaison qui appelât leurs produits dans nos entrepôts coloniaux, non pour s'échanger entre eux, ce dont ils n'ont que faire, mais pour s'échanger contre ceux de notre sol ou de nos manufactures. — Qu'une concession, une modération de droit soit accordée aux denrées coloniales de production étrangère qui entreront en France sous pavillon français, en *passant par l'entrepôt des colonies françaises*. Qu'on leur applique un traitement de faveur, un système de *taxes intermédiaires*: intermédiaires entre celles que supporte la denrée coloniale française et celle que supporte la denrée coloniale étrangère de provenance directe.

Il ne faudra pas au courant commercial une année pour s'établir. Tous les produits que nous avons énumérés plus

haut : ces cacaos de la Côte-Ferme, ces cafés de Porto-
Rico, ces rhums des colonies anglaises que les entrepôts
créés par la loi de 1837 ont vainement cherché à attirer, et qui ne sont pas venus, parce qu'ils ne pouvaient trouver qu'à s'échanger à de mauvaises conditions,
et non à se vendre, vont se présenter en masse.

Il faudra un fret de retour aux navires ou plutôt aux
caboteurs qui les auront portés, et ce fret de retour se
composera de toute la quantité de nos produits que con-
somment et de toute celle que devraient consommer
ceux dont nous appellerons le commerce.

Ces derniers mots demandent explication.

Nous ne faisons pas avec les centres étrangers de la
mer des Antilles et du Golfe du Mexique, la part d'affaires à laquelle nous donnent droit l'excellence et la
variété de nos produits. Tandis que nos exportations
pour les deux petits pays de la Martinique et de la Guadeloupe, représentent le chiffre de 37,347,604 fr., des
contrées au nombre desquelles figurent le Mexique, Cuba,
Porto - Rico, c'est-à-dire des empires et des colonies
grandes comme des empires, ne reçoivent de nos provenances directes que pour une valeur de 56,350,465 [1].

On ne peut s'empêcher, tout en faisant la part de la
différence des tarifs, de reconnaître là un fait économique
remarquable et digne d'être étudié. Il a son explication
dans la diversité et la multiplicité même des points

---

[1] *Tableau général du commerce* pour 1857 (valeurs actuelles).

nombreux que nous avons énumérés. Leur morcellement
fait disparaître les avantages de leur étendue. Le navire
qui aborde à l'un de leurs ports, n'est presque jamais
certain d'y déverser entièrement son chargement. Il lui
faut relever sans cesse et courir de rade en rade, ven-
dant un peu partout, mais aussi payant un peu partout
des droits d'ancrage. Le grand commerce n'endure pas
longtemps ce métier de caboteur, il abandonne vite la
place et va chercher fortune ailleurs. Eh bien, ces centres disséminés, qu'on les réunisse par la pensée, qu'on
leur suppose un vaste littoral, au milieu duquel s'ouvri-
rait un port qui leur fût ce que New-York est à l'Amérique du nord, et on comprendra facilement qu'ils devien-
draient ainsi pour la France un foyer de consommation
peut-être égal à celui que lui offre cette Amérique
elle-même. Or, cette réunion qui n'existe pas, c'est à
notre intelligence à la créer. Que notre politique re-
constitue ce continent dont peut-être quelque grand ca-
taclysme a seul autrefois brisé l'unité matérielle.

Que faut-il pour cette œuvre? — Un lien, un point
central. Ce point, nous l'avons : que nos îles du golfe
du Mexique deviennent le centre de cette Amérique
nouvelle, et de leurs entrepôts rayonneront ces transactions journalières et multipliées qui constituent le véritable commerce.

La première conséquence de ce fait sera d'augmenter immédiatement, et dans une proportion donnée,
notre consommation dans les pays dont il s'agit. Il est

clair, en effet, que le commerce étant un échange, on
achète à celui qui fait vendre, *et d'autant plus qu'il
fait vendre.* On nous achètera donc tout d'abord, parce
que nous serons devenus acheteurs, au lieu de courtiers
que nous voulions être.

Le commerce attire le commerce. Après avoir enlevé
nos produits comme matière d'échange, on s'y habi-
tuera d'autant plus que l'usage s'en répandra davantage, et l'effet obtenu se multipliera par lui-même.

Telle est l'idée théorique du système des taxes intermédiaires appliquées aux provenances étrangères de
nos Antilles. En y réfléchissant un peu, on reconnaît que
son principe, à tout prendre, n'est en réalité pas autre
que l'application à la navigation par échelles des Indes
occidentales, de la modération de tarif dont bénéficie la
navigation directe des Indes orientales : *un allégement
accordé à la marchandise pour la plus grande somme de
frais qu'elle a subie.* — Il est d'ailleurs entendu que s
nous ne nous occupons que des Antilles, c'est que ce sont
elles qui sont aujourd'hui directement en cause. Mais
qui ne comprendra, avec un peu de réflexion, toute l'action commerciale que pourrait exercer sur une partie
du Brésil un entrepôt fonctionnant à Cayenne dans les
conditions indiquées?...

Il nous reste à chercher quelle pourrait être dans
l'application le mode d'atténuation à adopter. — Fau-
drait-il établir une proportion dont on chercherait les

données, et dans le chiffre du droit dont est frappée chaque denrée, et dans la quantité du similaire de cette denrée que fournissent les colonies françaises, ou bien faut-il adopter une moyenne uniforme et générale pour tous les produits à dégrever?... Nous croyons que si l'un des deux modes est plus simple que l'autre, ils sont tous deux également praticables. Ce serait nous laisser entraîner trop loin que de reproduire ici les différents éléments de cette tarification intermédiaire; nous avons déjà eu occasion de les établir ailleurs, et nous les reprendrons si la question nous paraît devoir sérieusement s'engager dans cette voie.

Passons sans plus tarder aux objections. — Au nombre de celles que nous avons entendu formuler, il n'en est que deux qui nous paraissent mériter les honneurs de la discussion. La première est tirée du droit international. On s'est demandé si, en présence de la clause diplomatique de « la nation la plus favorisée, » qui est aujourd'hui presque de style dans les chancelleries européennes, une nation, placée géographiquement dans l'impossibilité de voir ses produits bénéficier de la nouvelle tarification en faveur de la provenance indirecte, ne pourrait pas se croire autorisée à en réclamer la faveur pour la provenance directe. — L'Espagne, par exemple, s'il arrivait que Cuba ou Porto-Rico ne pussent envoyer leurs cafés chercher l'entrepôt de la Martinique ou de la Guadeloupe, ne pourrait-elle pas prétendre au traitement de faveur qu'iraient y chercher les similaires de la Dominique ou

de toute autre île anglaise?... Nous croyons que cette
prétention, si elle pouvait être soulevée, tomberait devant une simple observation : c'est que, qui peut le plus,
peut le moins. Or, si tout pays a incontestablement le
droit de nationaliser entièrement le produit étranger qui
passe dans ses entrepôts pour se rendre à certaines destinations déterminées [1], il peut, à plus forte raison, ne
le nationaliser qu'en partie, c'est-à-dire lui accorder une
simple remise de droits. D'ailleurs, il est aujourd'hui
reconnu que la clause de la « nation la plus favorisée » doit
se compléter par le sous-entendu « à conditions égales. »
La remise de droits n'est accordée dans l'espèce à la
marchandise anglaise *qu'à cause* de l'avantage qu'elle
fait à la France en venant fructifier son entrepôt.

L'autre objection (qui a été soulevée par la Direction
générale des douanes) consiste à dire que la combinaison des taxes intermédiaires est le renversement d'un
véritable principe en matière de douane : à savoir, que
la provenance directe est toujours avantagée sur celle
des entrepôts, et que c'est précisément le contraire qu'il
s'agirait d'inaugurer... Nous répondrons à cette objection, qu'en matière de douane, il n'y a pas de *principes;*
il y a des règles, des pratiques dont il appartient aux
gouvernements de se départir suivant que l'intérêt du
pays lui paraît se trouver dans des règles ou des pra-

---

[1] Telles sont les marchandises anglaises qui passent par nos
entrepôts d'Europe pour se rendre aux colonies et y être admises
à la consommation comme marchandises françaises.

tiques contraires. Sur quoi se fonde dans l'espèce le prétendu principe de la préférence accordée à la provenance directe?—Uniquement sur l'intérêt de la navigation. Lorsque notre vieille législation douanière a été faite, il n'existait (et il n'existe encore), au point de vue du commerce des denrées coloniales, que des *entrepôts d'Europe*. Rien de plus logique alors que d'en frapper la provenance d'un traitement rigoureux, afin de forcer notre marine marchande à aller par delà l'Atlantique chercher ces denrées aux lieux de production: il s'agissait uniquement de pousser au développement de la grande navigation, plutôt qu'à celui du cabotage. Eh bien, cette manière de faire n'aura plus de raison d'être dès le moment où l'entrepôt se trouvera placé non plus en Europe, mais sous les mêmes latitudes que les lieux de production. Qu'importe, en effet, au point de vue de l'intérêt de la grande navigation, que le navire français qui portera les cafés dont nous parlions tout à l'heure, les tire des entrepôts de la Martinique et de la Guadeloupe, ou les prenne sur le marché de toute autre île de la mer des Antilles?...

Nous savons bien que cette objection a un côté moins général, celui de l'intérêt de maisons d'armements qui ont coutume de diriger leurs navires des ports de France vers les îles étrangères que nous avons en vue. Elles y ont établi des relations qu'elles craindraient de voir troubler par le déplacement du mouvement d'exportation. Nous ne chercherons pas à dissimuler que cela peut bien arriver. Mais c'est la conséquence inévitable

de tout progrès accompli dans les sociétés humaines
que de porter le trouble dans tel ou tel ordre d'intérêts,
et c'est le rôle du pouvoir gouvernemental que de peser
impartialement l'un et l'autre élément engagés dans la
réforme à entreprendre.

Il faut d'ailleurs que l'intérêt en question ne paraisse
pas devoir être bien irrémédiablement lésé, car nous
croyons nous rappeler que, lorsque les Chambres du
commerce ont été précédemment consultées par le gouvernement sur la question, il ne s'en est rencontré
qu'une seule, celle du Havre, qui ait combattu l'inno-
vation proposée.

Telles sont les objections. — On voit que nous n'avons
point parlé de celle qui pourrait se tirer du *privilége
colonial*, c'est-à-dire du droit que bien des personnes
croient exister pour nos colonies de monopoliser le
marché de la métropole au profit de leurs produits,
de même que la métropole monopolise, en partie,
leur marché au profit de ses exportations. C'est que
cette objection nous semble désormais peu digne de la
discussion. En effet, le privilége colonial n'existe aujour-
d'hui *sincèrement* que pour le sucre, — et encore, quelle
brèche n'y a pas faite la création de la sucrerie indigène et l'abaissement de la surtaxe de sucres étrangers !
Pour tous les autres produits de nos colonies, l'élévation des droits sur les similaires étrangers est purement fiscale et, déjà depuis bien longtemps, ne fonctionne plus comme protection en faveur de la production

coloniale française. Il suffit d'ouvrir un tableau de douane
pour se convaincre qu'à part le produit hors ligne que
nous venons de nommer, tous les autres produits de la
provenance française (café, cacao, coton, épices, etc.),
ne figurent guère que nominalement dans notre mouvement commercial; ils ne sont qu'à l'état de molécules
dans notre consommation, et la surtaxe dite *protectrice*
ne nous empêche heureusement pas de recevoir le similaire étranger, qu'elle a pour seule conséquence de nous
faire payer énormément cher.

Tel est le système des *taxes intermédiaires* qui est,
à notre connaissance personnelle, arrivé depuis plusieurs
années à un état d'élaboration aussi avancé que possible,
ayant obtenu l'adhésion : des Chambres de commerce
de la Martinique et de la Guadeloupe ; des directeurs
des douanes de ces deux colonies; des Chambres de
commerce des principaux ports de France, moins celle
sus-indiquée; de la Direction centrale des colonies au
Ministère de la marine, et de la Direction du commerce
extérieur au Ministère du commerce... Comment, avec
tout cela, n'a-t-elle pas encore abouti? — Laissons à
d'autres le soin de le rechercher, et poursuivons.

En disant que le commerce était un échange, nous
n'avons pas voulu dire qu'il fût un troc. Dans toute
société civilisée, la transmission des valeurs s'effectue
à l'aide de l'instrument monétaire : par conséquent, dans
toute société civilisée où s'effectue le véritable échange

commercial, celle des deux parties qui y est la plus intéressée se munit de cet instrument. Quand l'Américain ou l'Espagnol importateur dans nos Antilles saura qu'il peut en partir exportateur, il se munira des espèces nécessaires à ses transactions. Mais pour cela il faut, bien entendu, qu'il lui soit permis de les prendre telles qu'il les trouvera sous la main à son lieu de départ : donc il est indispensable que, ouvrant les entrepôts de nos Antilles aux denrées étrangères, nous ouvrions leur circulation aux espèces étrangères.

Autre point : si nous avons suffisamment expliqué ce qu'est le change dans le mouvement commercial des Antilles avec l'Europe, et l'influence du commerce anglo-américain sur ce change, on doit comprendre comment il peut être intéressant de se ménager des matières d'exportation dans certains moments de l'année : fortifions les ressources de la *production* par celles de l'*entrepôt*, et nous aurons trouvé la véritable loi d'équilibre du marché colonial dans ses rapports avec la Métropole.

II

Les paquebots transatlantiques.

Concession, subvention et programme du parcours. — Nécessité de créer
à l'entreprise des éléments de fret. — Corrélation avec l'entrepôt des
Antilles à cette fin.

Nous avons été des derniers à croire à la création
d'une ligne de paquebots transatlantiques français.
Longtemps nous nous sommes répété tout bas à nous-
même, aux nombreuses résurrections de cette question,
cette phrase dont un journal américain saluait, il y a
quinze ans, l'ouverture de l'une des sessions parlemen-
taires françaises : « Voici les chambres convoquées ; les
Français vont recommencer à philosopher sur la question des paquebots transatlantiques. » *The French are
going to philosopher again on the question of the trans-
atlantic boats...*

Mais le temps de la philosophie est passé ; le gouvernement *veut* que cette affaire se fasse, et elle se fera.
Elle se fera comme se sont faites tant d'autres bien plus
difficiles et qui n'ont sur elle que l'avantage de n'avoir
point été déflorées par des élaborations sans fin et des

essais sans consistance. Un décret impérial, du 21 février 1858, concède l'entreprise à la maison l'*Union
maritime*, V. Marziou et Ce, de Paris.

Notre principale raison, pour avoir foi aujourd'hui,
n'est pas seulement dans la grande compétence de cette
maison en matière d'armement; elle est encore dans
l'importance du patronage industriel sous lequel se
trouve placée la concession. — *Noblesse oblige*, et la Compagnie du chemin de fer d'Orléans, qui est intervenue
officiellement dans le contrat entre l'Etat et les concessionnaires directs[1]; la Compagnie du chemin de fer
d'Orléans, si intéressée au développement de Saint-
Nazaire, qui doit être le port d'attache de la principale
des trois lignes à établir; la Compagnie du chemin de
fer d'Orléans ne voudra pas laisser fondre entre ses
mains une des affaires les plus richement subvention-
nées du moment.

Nous croyons ne pas nous laisser aller à une digres-
sion déplacée en consignant ici les principaux éléments
de l'entreprise, que nous empruntons à différents documents intéressants qui nous ont passé entre les mains.

D'après les données qui ont servi de base à la concession, le capital serait de 40 millions de francs, se
divisant ainsi dans l'emploi :

---

[1] Voir au *Moniteur* du 22 février, le décret de concession et la
lettre de M. Bartholony, président du Conseil d'administration du
chemin d'Orléans.

Coût de quinze paquebots . . . Fr.   32,050,000
Intérêts du capital versé avant l'ex-
ploitation.   1,600,000
   Etablissements à terre, etc.   1,700,000
   Dépenses imprévues.   650,000
   Fonds de roulement   4,000,000

                 Fr.   40,000,000

La subvention annuelle de l'État est de 9,300,000 fr.
Les dépenses d'exploitation étant évaluées à 15,259,000^r,
cette subvention représente plus de 60 0/0 du coût de
l'exploitation. En la détaillant par les forces de chaque
bateau, on trouve qu'elle représente 1,140 fr. par che-
val de vapeur. C'est la plus forte subvention maritime
qui ait jamais encore été accordée.

Il faut compter pour le présent deux lignes principales : celle de l'Amérique du Nord, ayant pour
port d'attache le Havre ; et celle de l'Amérique du
Sud, ayant pour port d'attache Saint-Nazaire. La première, desservie par cinq bateaux de 750 chevaux,
aboutit directement à New-York ; la seconde, desservie
par six bateaux de 600 chevaux, et par quatre annexes
de 200 chevaux, aboutit, après escales, à Aspinwall.
Ce point maritime, déjà très-connu du monde commerçant, quoiqu'il ne figure guère encore sur les cartes,
est situé au fond du golfe de Honduras (Nouvelle-Grenade), à quelques milles de Chagres, où aboutit la

ligne anglaise. Aspinwall, dont la création est due à l'Américain de ce nom, directeur de la ligne de Panama, est un excellent port où l'on aborde à quai. Les Anglais, qui l'envient fort, le nomment *Colon* ou *Colomb*, pour ne pas reconnaître son baptême anglo-américain.

Nous avons dit que la seconde ligne, appelée *ligne des Antilles*, était la principale. En effet, en voici le parcours et les bifurcations, à partir de la Martinique, son point d'arrivée :

1° De la Martinique à Aspinwall, avec une escale obligée à Sainte-Marthe ou à Carthagène ;

2° De la Martinique à Santiago de Cuba (Havane), — de Santiago à la Vera-Cruz, — de la Vera-Cruz à Tampico : avec escales facultatives à Saint-Thomas, Porto-Rico, Santo-Domingo, Jacmel (Haïti)[1] ;

3° De la Martinique à Cayenne ;

4° De la Martinique à la Guadeloupe.

Nous croyons savoir qu'il sera probablement fait aux chiffres primitifs des modifications qui auront sans doute pour conséquence de porter le fonds social à 50,000,000 de fr. Le Gouvernement, dont la sollicitude ne perd pas cette affaire de vue, paraît en effet avoir reconnu, à la suite de nouvelles études faites en Angleterre et aux Etats-Unis, qu'il pourrait y avoir insuffisance dans la force des bateaux affectés aux deux principales lignes. Il s'agirait d'augmenter sensiblement leur puissance.

---

[1] La Compagnie a faculté d'ajourner pendant six années l'organisation de cette partie du service.

Cette nouvelle prévision modifie naturellement celle relative aux dépenses d'exploitation, et trouble par conséquent les éléments de la proportionnalité que nous avons précédemment établie. Mais il est un point de comparaison qui subsiste toujours; c'est celui de la distance à parcourir.

Or, en rapprochant la subvention du parcours dont le programme précède, on trouve qu'elle ressort à 58 fr. par lieue marine, tandis que la subvention des lignes anglaises ressort :

Ligne Cunard, à. 42 60

Royal-Mail (lignes du Brésil et

des Antilles réunies). . . .   34 30

Péninsulaire orientale. . . .   22 27

Dans les prévisions du capital de 40 millions, les dépenses d'exploitation sont évaluées à 6 millions pour la ligne de New-York, et pour la ligne principale ou des Antilles, à 9,250,000 fr.

Cette dernière évaluation sera modifiée dans le sens de l'augmentation générale sus-indiquée, si elle a lieu. Mais la modification ne devant être que proportionnelle au développement de la force des bateaux, on peut dès aujourd'hui accepter le chiffre comme *ferme* et le soumettre à l'examen.

Malgré son élévation et la compétence de ceux qui l'ont établie, nous avons peine à croire la prévision de dépense suffisante. La navigation par escale est toujours

très-coûteuse quand elle n'est pas très-fructueuse. A
notre avis, la Compagnie, si elle ne veut pas éprouver.
des mécomptes de ce côté, doit s'efforcer de ne négliger
aucun élément de recette.. Oui, certes, nous pensons,
en thèse générale, comme les concessionnaires, lorsque
portant à **217,000 fr.** en moyenne la recette brute par
voyage de la ligne des Antilles, ils trouvent ce chiffre
modéré. Mais en fait et dans l'état actuel des choses,
on aurait peut-être de la peine à l'obtenir. Admettons
tout ce qui est énoncé quant aux voyageurs : personne
ne doute, en effet, que le service français ne monopolise
en quelque sorte le transport des individus. Mais quant
aux choses, n'y a-t-il pas beaucoup plus d'inconnu?...

Si en faisant état des marchandises précieuses consommées aux lieux d'arrivée, l'un des documents que nous
avons eus sous les yeux entend parler de ce qui se
nomme en commerce *articles-Paris,* nous admettons.
volontiers la prévision, pourvu qu'en ce qui touche le
taux du fret, on s'écarte hardiment des énormités de la
Compagnie anglaise Royal-Mail. Mais voyons ce qu'on
peut attendre des voyages de retour. Notre ligne aura,
nous le voulons bien, à prendre sa part dans le transport
« des métaux précieux provenant de la Californie, du
Mexique, de la Nouvelle-Grenade, de la Bolivie, du Pérou
et du Chili, et arrivant maintenant en France par l'intermédiaire de la Banque d'Angleterre. » Oui, sans doute, et
nous avons précédemment fait connaître quelle était l'importance de ce riche mouvement d'importation; mais

comptons avec l'empire des habitudes, et n'oublions pas que l'Angleterre depuis bien longtemps est le plus grand marché du monde pour les métaux précieux. N'oublions pas que la plupart des maisons de Paris qui opèrent sur cette nature de marchandise, ont à Londres leur succursale, et, à l'aide de la transmission des connaissements qui font office de warrants, accomplissent leur trafic sans que les espèces ou lés lingots sortent des caveaux de la Banque, constituée en véritable dock monétaire...

Sans doute, avec le temps, ces habitudes peuvent changer ; Paris devenir le marché de l'Europe continentale pour les métaux précieux, et Saint-Nazaire conquérir, sous ce rapport, une partie de l'importance véritablement féérique que nous avons vu prendre à Southampton. Mais en attendant la réalisation de cet inconnu, songeons au présent. Songeons à ménager aux bateaux français ce que dédaignent peut-être les bateaux anglais, devenus de nouveaux galions : toutes celles des denrées coloniales qui ne sont pas de trop grand encombrement.

Quelles sont ces denrées ? — Ce sont précisément celles que nous voudrions voir placer sous le bénéfice des taxes intermédiaires : café, cacao, cochenille, vanille, bois d'ébénisterie, écailles et racines médicinales, etc., etc.

La France consomme aujourd'hui 27,997,432 kilog. de café, dont 16,678,808 kilog. de la provenance dite d'en deçà du Cap, c'est-à-dire de la Mer des Antilles et du Golfe du Mexique ; provenance fournie presque exclusivement par les colonies étrangères, puisque la culture du cafier a presque disparu de la Martinique et de la Guadeloupe [1] ; elle consomme 3,412,929 kilog. de cacao, dont nos deux îles ne fournissent qu'une faible partie : Martinique, 226,112 kilog. ; Guadeloupe, 35,132 kilog.

Faisons que la Martinique devienne le point central, — l'entrepôt — qui réunisse et tienne prêts pour l'embarquement à jour fixe les contingents morcelés des différents points du parcours de la ligne. Préparons-y tous ces autres produits précieux sous un petit volume dont la nomenclature précède. Joignons-y au besoin ces beaux sucres en poudre de la Havane, que leur qualité presque complétement anhydre permet de charger en caisses comme marchandise sèche.... : nous aurons ainsi acquis à notre ligne transatlantique ce que, dans le langage de la matière, on nomme le *trafic*.

Le fret ! Ne négligeons rien pour assurer à nos paquebots le fret ! Par le fret, la nouvelle entreprise grandira et prospérera.

C'est avec infiniment de raison que le dernier cahier

---

[1] Ce chiffre total, qui est celui du tableau général de 1857, est très-remarquable en ce qu'il dénote un sensible progrès dans notre consommation : en 1843, elle n'était que de 14,530,000 k. Mais ce progrès est insuffisant ; car en 1842, la Belgique en recevait 24,337,000 k. Sans le droit exorbitant qui rend le véritable café *denrée de luxe* pour nos populations, la France en consommerait facilement 50,000,000 k.

des charges, modifiant les conditions primitives, a choisi la Martinique au lieu de Saint-Thomas pour point central d'arrivée de la ligne. Il faut penser qu'on a trouvé dans la convenance de ce changement autre chose que « l'économie d'une force de 800 chevaux, et celle de l'entretien à Saint-Thomas d'une station fort coûteuse... » L'idée d'aller coudoyer la Compagnie anglaise sur l'îlot infect de Saint-Thomas, quand on a la libre disposition d'une colonie française si admirablement placée, était véritablement inadmissible. Espérons qu'on s'arrêtera une bonne fois au choix adopté par le gouvernement. On s'y arrêtera, sans aucun doute, si, tenant compte de la facilité d'atterrissage de la Martinique, de l'importance de l'outillage que maintient la présence de notre station navale en ces parages, on ajoute l'élément commercial à ces causes en quelque sorte naturelles de préférence. La situation de l'ancien chef-lieu des Iles du Vent en a fait de tout temps le point central de notre rayonnement dans la Mer des Antilles et le Golfe du Mexique. — Suivons l'exemple du passé en le reconstituant par la vapeur.

Sans cet appel à l'élément commercial, peut-être verra-t-on la nouvelle entreprise, malgré toutes les ressources qui lui sont dès ce moment acquises, malgré sa belle subvention, venir un jour frapper à la porte du Trésor... Que le Trésor, qui n'est autre ici que l'État, lui prépare la voie ; qu'il n'émancipe l'enfant qu'en lui facilitant le chemin de la vie.

Mais *l'État* des paquebots transatlantiques est aussi celui des Antilles françaises, et c'est une bien heureuse chance pour un gouvernement, lorsque, par la même mesure, il peut assurer deux grands résultats.

Les quelques lignes de conclusion qui vont suivre achèveront de développer notre pensée à cet égard.

« Les colonies sont des places incessamment assiégées par des circonstances commerciales exceptionnelles ; il leur faut une monnaie obsidionale : cette monnaie, c'est le surhaussement qui la frappe..! » Ainsi nous parlait récemment un homme qui, après avoir passé quinze ans de sa vie dans les services coloniaux, et avoir traversé les plus hautes sphères de l'administration publique, siége aujourd'hui au Conseil d'État.

Cette définition pittoresque, qui rappelle l'ancien officier du génie, nous paraît résumer admirablement la question.

Oui, nos colonies sont assiégées par des circonstances commerciales exceptionnelles :

Elles ont avec leur métropole un compte dont le fonctionnement est tel, qu'à moins d'un énorme excédant de production, le change doit leur être toujours contraire ;

Elles ont avec l'Etranger un compte dont la balance leur est *forcément* toujours défavorable, en ce sens, qu'elle doit être toujours *forcément* payée en numéraire ;

Elles n'ont pas d'hôtel de monnaie, et par conséquent sont toujours à la merci d'agents extérieurs pour leur approvisionnement monétaire ;

Leur position transmaritime fait que tout numéraire qui leur arrive avec sa seule valeur intrinsèque perd, par cela seul, à l'entrée, parce qu'il n'entre que grevé des frais de transport; sorte d'infériorité normale qui détermine une certaine surhausse des monnaies dans toutes les parties du monde colonial ;

Enfin, à la société coloniale rendue au travail libre, il faut pour le salaire journalier un fonds de roulement que ne réclamait pas le travail servile.

Le premier remède à la situation qui vient de motiver ce trop long mais du moins consciencieux travail, c'est d'avoir le courage de renoncer à un essai malheureux pour lequel les faits ont été sans merci. — Si la réforme de 1855 est bonne, qu'elle soit appliquée à la Réunion en vue de laquelle elle a été élaborée; si elle est mauvaise, qu'elle cesse d'être appliquée aux Antilles... Mais loin de songer à étendre le régime des Antilles à la Réunion, l'expérience nous trace en traits lumineux ce qui est à faire : IL FAUT APPLIQUER AUX ANTILLES LE RÉGIME DE LA RÉUNION... Oui, ouvrons à deux battants les portes de la circulation de nos colonies d'Amérique aux monnaies de tous les centres commerciaux avec lesquels elles sont appelées à trafiquer; donnons à ces monnaies, comme on le fait à la Réunion, une force libératoire, un cours légal pour le Trésor comme pour les particuliers, et faisons que ce cours légal soit suffisamment surhaussé, c'est-à-dire *rémunérateur*, pour qu'elles se sentent attirées.

Remplaçons le hideux papier des bons de caisse par une monnaie métallique de titre inférieur, comme il en existe dans presque tous les États de l'Europe et dans la plupart des colonies : dussions-nous pousser au besoin le respect de l'aloi jusqu'à déposer dans les coffres du Trésor la contre-valeur de cette tare légale comme nous y avons déposé la contre-valeur des bons de caisse.

Mettons fin surtout, en attendant les solutions légales, mettons fin sans tarder aux regrettables mesures administratives qui ont été la conséquence erronée de l'application du décret du 23 avril :

— Que les trésoreries locales cessent de tenir sous clef presque tout le numéraire national qui leur arrive d'Europe pour le règlement des services publics; qu'elles cessent d'aspirer, au moyen du placement de leurs traites sur la métropole, la faible partie de ce numéraire qui paraît dans la circulation, organisant ainsi la *séquestration* monétaire, et dans leurs propres coffres et dans ceux des particuliers;

— Que les Banques deviennent libres de gouverner leur encaisse comme elles l'entendent, en se tenant dans les limites tracées par l'art. 5 de leur loi organique, qui leur permet d'émettre en papier « le triple de leur encaisse métallique; »

— Qu'aucun obstacle administratif ne soit plus mis à ce que ces établissements puissent s'approvisionner d'espèces étrangères, pour en approvisionner la circulation, pourvu qu'ils ne les comptent que pour leur *valeur intrinsèque*, quant à la garantie de leur papier : prévision qui fut d'abord celle de l'administration des Colonies, et à laquelle elle n'a renoncé que pour assurer, en quelque sorte par la force, l'expulsion des espèces étrangères de la circulation...

Chercher à arrêter le mal dans ce qu'il a de plus direct, de plus frappant, de plus brutalement évident, voilà ce que crie pour ainsi dire la situation, et là pourrait, à la rigueur, se borner la tâche.

Mais il serait digne du Prince qui a voulu que cette épineuse matière fût remise à l'étude, de se mesurer avec elle, et de chercher à résoudre une question commerciale par une combinaison commerciale. C'est le désir d'attirer un moment son regard vers cet horizon qui nous a déterminé à embrasser, au risque de mal étreindre, les trois éléments de solution étudiés dans ce rapide travail. Nous dirons donc :

Que la France développe la pensée féconde qui dort inaperçue dans la loi de juillet 1839 ; qu'elle fasse fonctionner dans ses colonies d'Amérique, admirablement placées pour ce rôle, l'entrepôt véritable, l'entrepôt où l'Étranger puisse à la fois vendre et acheter : obligé ainsi d'introduire le numéraire au lieu de l'enlever...

On a vu le concours que cette œuvre peut prêter à celle des transatlantiques.

Quel concours peut-elle à son tour tirer de cette dernière, et quel résultat attendre, pour l'intérêt général, de la combinaison de ce double élément ? — La réponse à ces questions sera le dernier mot de cet écrit.

A notre avis, l'entrepôt des Antilles, animé par la ligne transatlantique, qui lui portera la vie avec la régularité du mouvement artériel ; recevant de cette ligne argent et marchandises ; recevant argent et marchandises des caboteurs de l'Archipel et du Golfe qui n'ont aujourd'hui presque rien à lui offrir ; recevant encore, pour compléter l'échange commercial, argent et marchandises d'Europe : l'entrepôt des Antilles ainsi constitué, ainsi rayonnant, ce sera pour nos colonies d'Amérique la fin, non pas seulement de toute crise, mais de toute gêne, de tout embarras monétaire.

FIN.

www.ingramcontent.com/pod-product-compliance
Ingram Content Group UK Ltd.
Pitfield, Milton Keynes, MK11 3LW, UK
UKHW020202130726
13696UKWH00002B/658